학교폭력예방 교과서

학교폭력예방 교과서

초판인쇄_2023년 5월 10일
초판발행_2023년 5월 18일

지은이_정재준
펴낸이_윤상철
펴낸곳_(주)아이엠에듀

등록_제2012-000016호
주소_서울시 금천구 가산디지털1로 212(코오롱 디지털타워애스턴) 203호
전화_(02)796-6861-2
팩시밀리_(02)796-6864

ⓒ 정재준, 2023

정가_20,000원

이 책 내용의 일부 또는 전부를 재사용하려면 반드시
저작권자와 출판사의 동의를 얻어야 합니다.

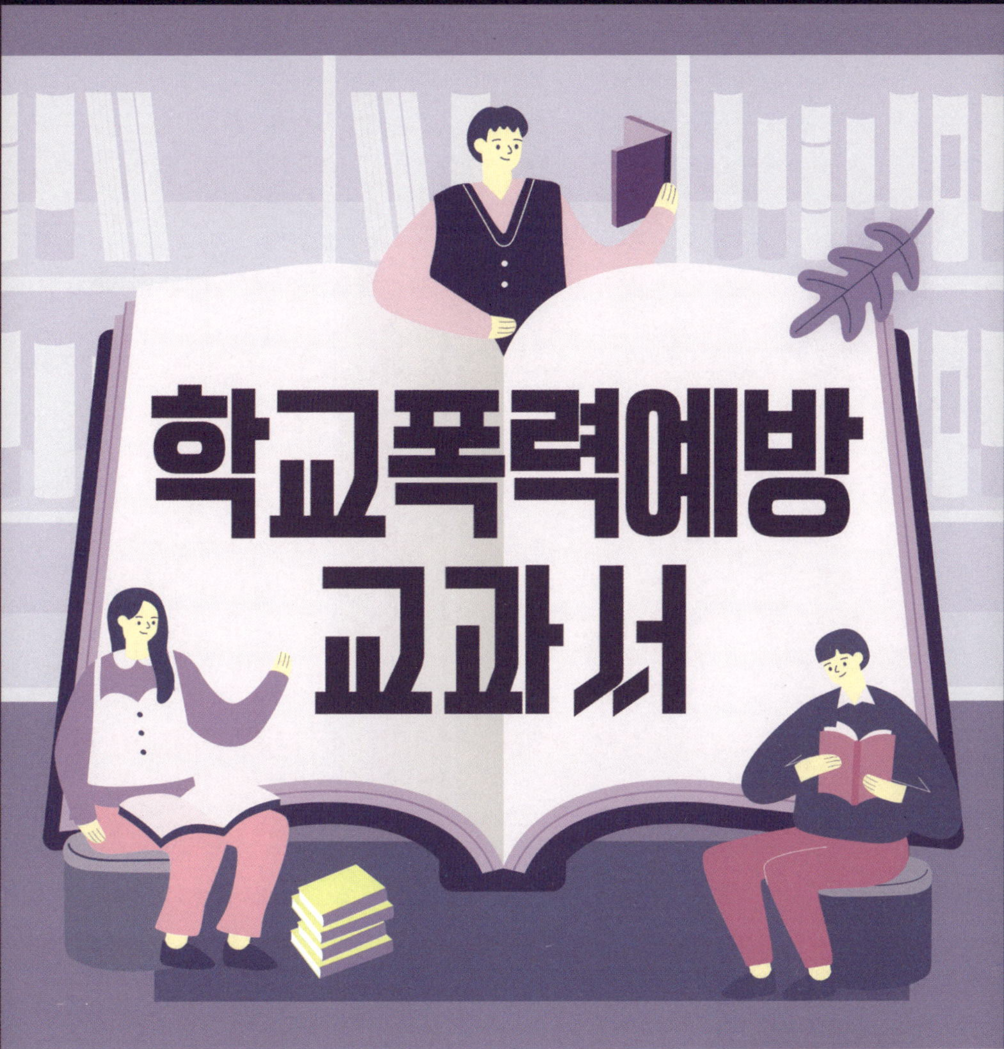

학교폭력예방 교과서

"학교폭력 예방은
 어른의 마음(말)에 달려있다."

- 한국학교폭력예방연구소장 정재준
- 성균관대 교육학과 교수(겸임)

본문 스케치

에밀 뒤르케임(Émile Durkheim)이 "일정한 사회에는 항상 일정한 범죄가 일어나기 마련이고 이고 이는 지극히 정상적이다."라고 주장한 것은 범죄는 일어나기 마련이니까 범죄 예방의 노력이 헛될 것이라는 뜻은 아닐 것이다. 인간이 살아가는 사회에서는 갈등이나 불협화음이 있을 수밖에 없고 이는 일정 정도의 범죄 현상을 감내해야 한다는 의미이다.

학교폭력도 엄밀히 말해서 범죄 현상에 속한다. 그러나 아직 인격적으로 미성숙한 초중고 학생의 범죄이고 학교 내외의 특수한 장소에서 학생이 피해자로 등장하는 경우이기 때문에 이를 달리 처리할 필요가 있다. 쉽게 말해 가급적 사법적 처벌보다는 행정적 다이버전(기회)을 부여함으로써 재발을 방지하고 낙인을 회피하도록 유도하는 사회적 합의가 필요하다. 이를 위해 2004년 처음 탄생한 것이 [학교폭력예방 및 대책에 관한 법률]이다.

세계적으로 유래가 드물게 급속도의 경제적 발전을 이룬 대한민국 성장 이면에는 적지 않은 부정적 영향이 자라나고 있다. 핵가족 맞벌이 부부 하에서 독자로서 훈육없이 자라나는 아이, 학교와 학원은 온통 지식 전수의 입시 전쟁, 학생들의 24시간을 지켜주며 대답해준 친구는 다름아닌 휴대폰이었다. 그러나 휴대폰이 때로는 폭력물이나 성착취의 도구로서 혹은 욕설이나 명예훼손의 수단으로 기능하기도 한다.

학교폭력을 완전히 없앨 수 없다. 그러나 다른 여러 나라의 예에서 보듯 다양한 예방정책은 학교폭력을 현저히 낮출 수 있다. 물론 가장 좋은 방법은 가정에서 부모의 적절한 훈육에 있을 것이다. 이것이 여의치 않다면 국가적·사회적인 예방정책이나 캠페인이 필요하며 학교에서도 적극적 예방교육을 실시해야 한다.

2023년 5월 5일 「학교폭력예방 교과서」
저자 정재준

프롤로그

➔ "다이아몬드를 찾는 사람이 진흙과 수렁에서 분투해야 하는 이유는 이미 다듬어진 돌 속에서는 찾을 수 없기 때문이다. 다이아몬드는 만들어지는 것이다." 청소년이라는 돌이 다이아몬드로 다듬어지기 위해 돌 사이 부딪힘을 이해하라!

✉ 헨리 윌슨(Henry B Wilson)

◆ 목 차 ◆

제1부 학교폭력의 개념과 특징
➜ 학교폭력의 개념과 원인을 알지 못하면 그 예방정책은 나올 수 없다. 무엇이 학교에서 폭력을 유발하는가?
["아이를 꾸짖을 때는 한 번만 따끔하게 꾸짖어야지 자주 잔소리를 하면 부모 말을 듣지 않게 된다." - 탈무드]

|1장| 학교폭력의 원인과 특징
1. 학교폭력이란 무엇인가?
2. 학교폭력의 원인
3. 학교폭력의 특징
4. 학교폭력의 유형
5. 학교폭력 은어 총정리
6. 세상 밖으로 나온 학폭
7. 각국의 학교폭력 특징

|2장| 학교폭력예방 및 대책에 관한 법률
1. 법률 전문
2. 시행령

|3장| 학교폭력 사건 실제 상담 사례
1. 변기물 먹이기
2. 여학생들의 교묘한 집단 따돌림
3. 학부모 분쟁으로 발전한 학교폭력 사건

제2부 학교폭력 사건 처리절차

→ 학교폭력이 발생하면 현장에서는 어떻게 처리되고 있는가?
["내 고통이 다른 사람의 웃음이 될 수 있지만, 내 웃음이 다른 사람의 고통이 되어서는 결코 안된다. - 찰리 채플린"]

|1장| 행정적 처리절차
1. 학교에서의 처리절차
2. 교육지원청의 처리절차
3. 학교와 교육지원청의 처리절차
4. 제1호 심의위 결정조치
5. 제2호 심의위 결정조치
6. 제3호 심의위 결정조치
7. 제4호 심의위 결정조치
8. 제5호 심의위 결정조치
9. 제6호 심의위 결정조치
10. 제7호 심의위 결정조치
11. 제8호 심의위 결정조치
12. 제9호 심의위 결정조치
13. 학생생활기록부 학교폭력 기재
14. 심의위원회의 분쟁조정
15. 학교폭력 처분 이의신청(행정심판)
16. 학교폭력 처분 이의신청(행정소송)

|2장| 사법적 처리절차
1. 경찰에서의 처리절차(SPO)
2. 경찰에서의 처리절차(연령)
3. 경찰에서의 처리절차(다양)
4. 검찰에서의 처리절차
5. 법원에서의 처리절차(법원소년부)
6. 법원에서의 처리절차(형사법원)
7. 법원에서의 처리절차(민사법원)

제3부 학교폭력 예방정책

→ 이 책은 학교폭력 예방정책을 통해서 이를 낮추기 위해 출간된 것이다. 다양한 예방정책의 효과는 있는 것인가?
[젊은이여! 노여움이 일면 그 결과를 생각하라! - (공자)]

|1장| 일반 예방정책
1. 징후
2. 학부모 대응
3. 교사와 학생의 대응
4. 성폭력 대응

|2장| 사법부의 학교폭력 예방정책
1. 경찰
2. 검찰
3. 법원
4. 소년보호기관

|3장| 선진 각국의 예방정책
1. 미국
2. 일본
3. 영국
4. 핀란드

|4장| 우리나라 학교폭력 예방정책의 비전
1. 전 사회적 학교폭력 예방 대응 체계
2. 학생 참여 학교폭력 예방 대책
3. 가해 학생 교육 및 선도 강화 대책
4. 피해 학생 보호 및 치유 시스템 강화

에필로그
➜ "부모에 대한 아이들 요구 사항들의 대부분은 심리적 불균형에서 비롯되었다. 이는 부모에게 잘못이 있지만 아이들도 일부 해야 할 일이 있다. - 제임스 딘(James Byron Dean)

글을 마무리 하며

세종대왕이 설순으로 하여금 [삼강행실도]를 한글과 그림으로 작성케 한 이유는 독자층의 가독성을 고려한 조치였다. 더구나 신세대들은 지면이 아닌 전자매체 독서에 익숙해져 있는 이유로 보기 쉽고 읽기 쉽게 파워포인트 매체를 지면에 옮겨 놓는 작업을 결단하였다.

책을 쓰는 것은 정신적 고뇌뿐 아니라 체력 끝 등산이라 해야 할까? 좌판 위의 손가락이 마비되고 신체 중에 오직 눈꺼풀만 감지될 때에도 탈고를 향한 집념은 며칠 동안 계속되었다. 그나마 졸작이라 하여도 세상에 얼굴을 내밀 수 있게 된 것은 가족과 지인들의 도움이 절대적이라 할 것이다. 특히 정동섭 선배님이 다양한 만화를 그려 주어서 사진이나 그림의 저작권에서 한시름 놓을 수 있었다. 국가교육위원회 특별위원 황수진 선생님의 열정적인 설명도 인상에 남는다. 지면을 빌어 감사의 마음 전한다.

본인이 오랫동안 소년 범죄와 학교폭력 문제를 연구하고 있지만 교사나 학교전담경찰관이 바라보는 학교폭력 문제 또한 저마다 다른 코끼리 신체 부위 만지기였다. 입체적인 코끼리를 그리려고 했는데 이번 첫 쇄에서는 호랑이가 아닌 코끼리를 형상화한 것으로 만족하고 더욱 분발하여 독자들이 만족할 만한 수정판 발간을 약속드린다.

저자 정재준

제1부 학교폭력의 개념과 특징

➔ 학교폭력의 개념과 원인을 알지 못하면 그 예방정책은 나올 수 없다. 무엇이 학교에서 폭력을 유발하는가?

[아이를 꾸짖을 때는 한 번만 따끔하게 꾸짖어야지 자주 잔소리를 하면 부모 말을 듣지 않게 된다. - 탈무드]

제1부 목차

|1장| 학교폭력의 원인과 특징
1. 학교폭력이란 무엇인가?
2. 학교폭력의 원인
3. 학교폭력의 특징
4. 학교폭력의 유형
5. 학교폭력 은어 총정리
6. 세상 밖으로 나온 학폭
7. 각국의 학교폭력 특징

|2장| 학교폭력예방 및 대책에 관한 법률과 시행령
1. 법률 전문
2. 시행령

|3장| 학교폭력 사건 실제 상담 사례
1. 변기물 먹이기
2. 여학생들의 교묘한 집단 따돌림
3. 학부모 분쟁으로 발전한 학교폭력 사건

|제1부| 학교폭력의 개념과 특징

제1장 학교폭력의 원인과 특징

1. 학교폭력이란 무엇인가?

정재준
학교폭력전문TV

학교 폭력에 관한 상식

문. 학교 폭력을 당했을 때 피해자가 가장 많이 선택하는 방법은?

① 부모님께 도움을 요청한다.
② 담임 선생님께 이 사실을 알린다.
③ 친구에게 어떻게 할지 털어 놓는다.
④ 아무에게도 도움을 요청하지 않는다.

학교 폭력에 관한 상식

문. 학교폭력에 대한 개념 정의를 하고 있는 법률은?

① [소년법]
② [아동학대범죄의 처벌 등에 관한 특례법]
③ [학교폭력예방 및 대책에 관한 법률] ✓
④ [형법]

1. 학교폭력이란 무엇인가?
① 법률적 정의

 폭력

「학교폭력예방 및 대책에 관한 법률」

제2조 학교폭력이란 "**학교 내외에서 학생**을 대상으로 발생한 폭력"

학교, 운동장, 학원, 길거리, 친구집, , , , ➔ 학교 내외

1. 학교폭력이란 무엇인가?
① 법률적 정의

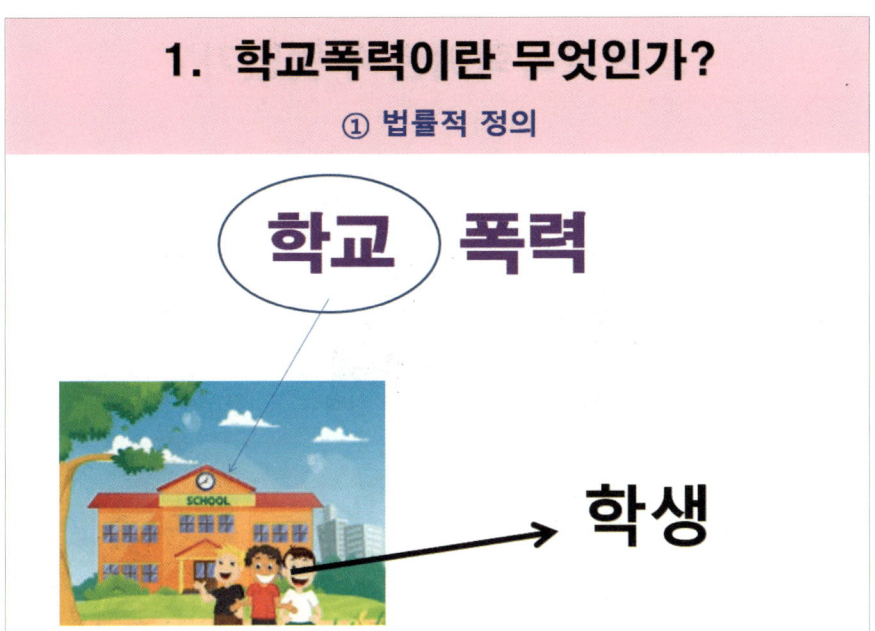

1. 학교폭력이란 무엇인가?
① 법률적 정의

?

「학교폭력 예방법」 제2조의 2
"「초중등교육법」 제2조에 따른 초등학교, 중학교, 고등학교, 특수학교 및 각종학교와 같은 법 제61조에 따라 운영하는 학교의 학생"

1. 학교폭력이란 무엇인가?

① 법률적 정의

학생 폭력

 대학생
 자퇴한 선배
 근신중인 학생

 다른 학교 학생
전학 온 다문화 학생

---

1. 학교폭력이란 무엇인가?

① 법률적 정의

학교 폭력

「학교폭력예방 및 대책에 관한 법률」

제2조 학교폭력이란 "학교 내외에서 <u>학생을 대상</u>으로 발생한 폭력"

학생을 대상 ➔ 학생이 피해자

1. 학교폭력이란 무엇인가?
① 법률적 정의

학생 폭력

가해자	피해자	학교폭력 인정
학생	학생	O
학생	학생 아닌 자	X
학생 아닌 자	학생	O X → △
학생 아닌 자	학생 아닌 자	X

1. 학교폭력이란 무엇인가?
① 법률적 정의

「학교폭력예방 및 대책에 관한 법률」

제1조 목적 "①피해학생의 보호, ②가해학생의 선도, 교육 및 ③피해학생과 가해학생 간의 분쟁조정을 위하여"

가해자	피해자	학교폭력 인정	
학생	학생	O	①, ②, ③
학생	학생 아닌 자	X	
학생 아닌 자	학생	△	①
학생 아닌 자	학생 아닌 자	X	-

1. 학교폭력이란 무엇인가?
② 주의해야 할 세 가지

★ 학교 밖의 폭력 → 학교폭력

★ 초, 중, 고 학생 → 학교폭력

★ 피해자가 학생 → 학교폭력

학교 폭력에 관한 상식

문. 다음 중 학교폭력이라 볼 수 있는 것은?

① 초등학생이 유치원생을 때렸다.
② 중학생이 담임교사를 때렸다.
③ 초등학생이 특수학교 장애인 학생을 때렸다. ✓
④ 대학생 형들이 서로 싸웠다.

제1장 학교폭력의 원인과 특징

2. 학교폭력의 원인

정재준
학교폭력전문TV

학교 폭력에 관한 상식

문. 학교 폭력의 주된 원인은 무엇인가?

① 장남삼아
② 피해학생의 가해 유발
③ 화가나서
④ 스트레스

2. 학교폭력의 원인

1) 장난 (34%)
2) 피해학생의 잘못(20%)
3) 이유 없음(18%)
4) 화가 나서(9%)
5) 오해와 갈등(8%)
6) 친구, 선배등이 시켜서 (5%)
7) 스트레스(3%)
8) 보복(3%)

2. 학교폭력의 원인

학교폭력, 지우기 어려운 상처

학교폭력 원인은?

01 성향에 의한 **개인적** 요인
02 성장환경에 의한 **가족적** 요인
03 사회로부터 학습하는 **사회적** 요인

2. 학교폭력의 원인

가. 개인적 요인

① 분노와 스트레스 및
   욕구 조절 표출 미흡

② 보상의 수단으로 폭력 행사

③ 또래를 지배하려는
   우월감에서 공격성 표출

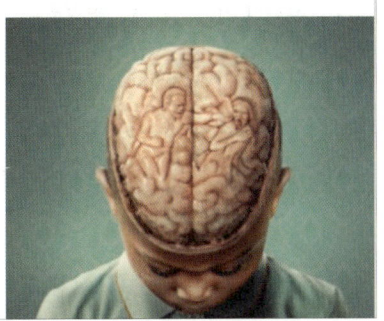

2. 학교폭력의 원인

나. 가정적 요인

① 부모의 강압적인 양육 방식
   ➡ 억압과 억눌림이 폭력으로 표출
② 부모의 폭력적인 훈육 방식
   ➡ 약한 또래에 대한 폭력적 지시
③ 부모의 일관되지 못한 훈육
   ➡ 불안정한 정서와 유대감 결여

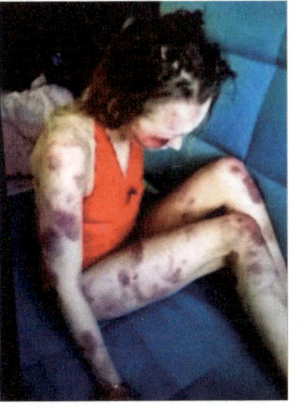

2. 학교폭력의 원인

다. 학교 요인

① 입시 입주의 경쟁 관계
② 교사에 대한 불만과 부정적 관계
③ 또래 집단의 동조

2. 학교폭력의 원인

라. 사회, 문화적 요인

① 대중매체를 통해 자주 접하는 폭력 학습
② 지역 사회에 만연한 폭력 경험

2. 학교폭력의 원인

2. 학교폭력의 원인

2. 학교폭력의 원인

단순(주먹다짐) → 흉기(도구)

2. 학교폭력의 원인

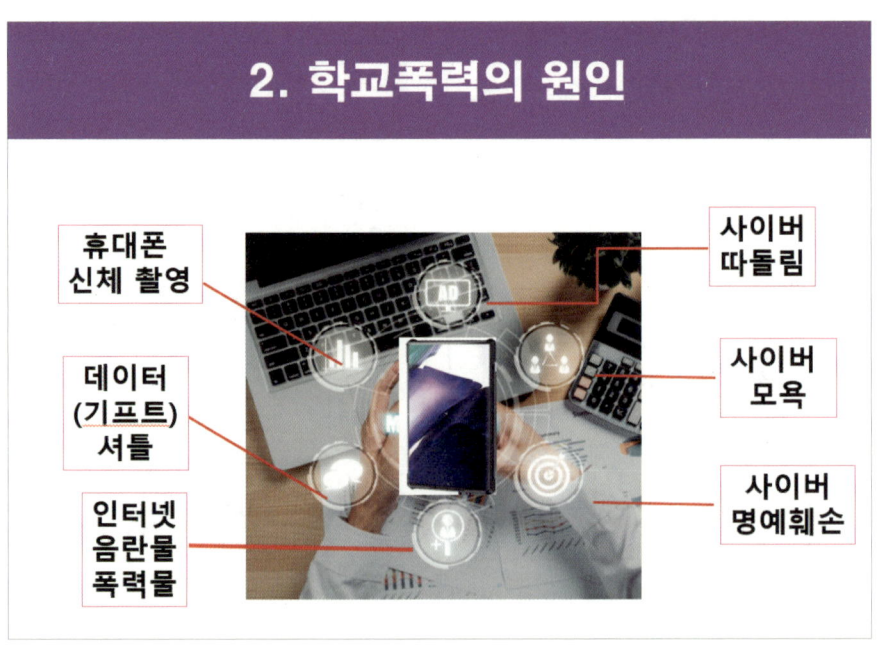

- 휴대폰 신체 촬영
- 데이터 (기프트) 셔틀
- 인터넷 음란물 폭력물
- 사이버 따돌림
- 사이버 모욕
- 사이버 명예훼손

제1장 학교폭력의 원인과 특징

3. 학교폭력의 특징

정재준
학교폭력전문TV

학교 폭력에 관한 상식

문. 학교 폭력이 신고된 경우 그 비율이 가장 높은 것은?

① 중학생
② 고등학생
✔ ③ 초등학생
④ 특수학교 학생

3. 학교폭력의 특징

★ 학교 폭력의 저 연령화

→ 중학생 3년 < 중학생 2년 < 초등학생

3. 학교폭력의 특징

3. 학교폭력의 특징

★ 가해자와 피해자 구분의 불분명

→ 가해와 피해의 악순환

3. 학교폭력의 특징

★ 학교 폭력의 집단화·조직화

3. 학교폭력의 특징

★ 학교 폭력의 장소적 특징

2021년 학교폭력 피해 장소(%)
- 교실 안: 25.7
- 복도: 17.1
- 운동장: 11.5
- 사이버 공간: 9.0
- 놀이터 등: 8.7
- 집: 5.3
- 학원: 4.6
- 기타: 18.1

3. 학교폭력의 특징

★ 가해자는 같은 반 급우

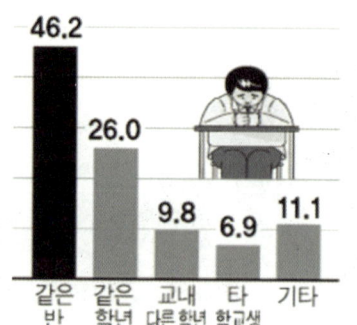

학교폭력 가해자 유형(%)
- 같은 반: 46.2
- 같은 학년: 26.0
- 교내 다른 학년: 9.8
- 타 학교생: 6.9
- 기타: 11.1

3. 학교폭력의 특징

★ 학교 폭력의 지속성

→ 학교 폭력은 어쩌다 일어나는 1회성 사건이 아니다. 가해자는 또 다시 가해하고 피해자는 또 다시 피해자가 될 확률이 높다.

3. 학교폭력의 특징

★ 여학교 폭력 증가

→ 학교 폭력은 더 이상 남학생의 전유물이 아님

3. 학교폭력의 특징

★ **가해자의 죄의식·죄책감 빈약**
→ 다들 하는 욕설, 그게 뭐 학교 폭력이라고!
→ 피해자도 다른 아이들에게 욕설하던데...
→ 재수없게 걸렸네... (녹음 못하게 해야지)

3. 학교폭력의 특징

★ **폭력 발생 이후에도 일정기간 가해자와 피해자의 조우**

→ 학교 폭력이 대개 학급 내에서 발생하므로 피해자는 계속적인 불안과 위협에 노출

3. 학교폭력의 특징

★ 학교 폭력은 일반 폭력과 달리 다른 친구들에게 쉽게 알려진다.

→ 추가적인 정신적 고통이 장시간 따른다.

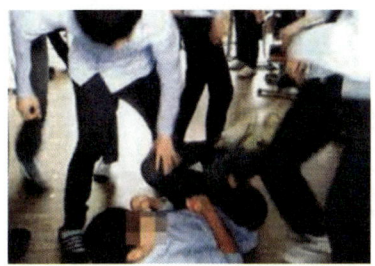

3. 학교폭력의 특징

문. 학교 폭력의 특징이 아닌 것은?

① 학교폭력의 저연령화
▼ 가해자와 피해자의 명확한 구분
③ 학교폭력의 집단화와 조직화
④ 사이버 학교폭력의 증가

제1장 학교폭력의 원인과 특징

4. 학교폭력의 유형

정재준
학교폭력전문TV

학교 폭력에 관한 상식

문. 학교 폭력의 유형 중에서 가장 높은 비중을 차지하는 것은?

① 신체적 폭력
✓② 언어적 폭력
③ 사이버 폭력
④ 집단 따돌림

4. 학교폭력의 유형

「학교폭력예방 및 대책에 관한 법률」

제2조 학교폭력이란 "학교 내외에서 학생을 대상으로 발생한 폭력[폭행, 상해, 감금, 협박, 약취·유인, 명예훼손·모욕, 공갈, 강요·강제적인 심부름 및 성폭력, 따돌림, 사이버 따돌림, 정보통신망을 이용한 음란·폭력 정보 등에 의하여 신체, 정신 또는 재산상의 피해를 수반하는 행위를 말한다.]"

4. 학교폭력의 유형

"따돌림"이란 학교 내외에서 2명 이상의 학생들이 특정인이나 특정집단의 학생들을 대상으로 지속적이거나 반복적으로 신체적 또는 심리적 공격을 가하여 상대방이 고통을 느끼도록 하는 모든 행위를 말한다.

따돌림 = 집단 괴롭힘

4. 학교폭력의 유형

"사이버 따돌림"이란 인터넷, 휴대전화 등 정보통신기기를 이용하여 학생들이 특정 학생들을 대상으로 지속적, 반복적으로 심리적 공격을 가하거나, 특정 학생과 관련된 개인정보 또는 허위사실을 유포하여 상대방이 고통을 느끼도록 하는 모든 행위를 말한다.

4. 학교폭력의 유형

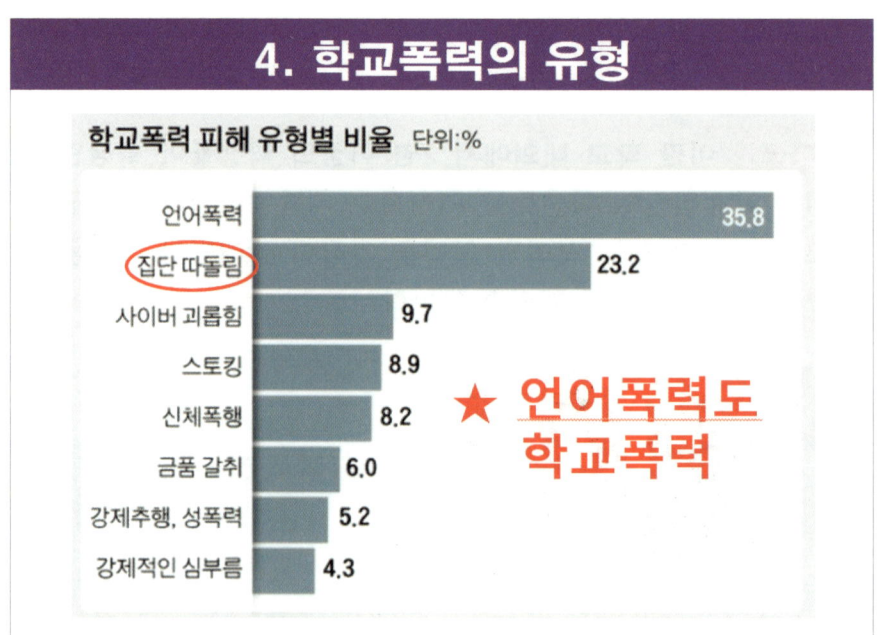

학교 폭력의 유형

문. 학교 폭력의 유형에 해당되는 것은?

① 살인
② 횡령
✔ ③ 욕설
④ 보이스피싱

학교 폭력의 유형

문4. 다음에 해당하는 학교폭력 유형은?
선배: "야, 후배 화장실로 따라와! 학교
　　　 생활 편히 하려면 빨리 오라고!"
후배: "네 알겠어요!"

① 협박죄
② 강요죄
③ 감금죄
✔ ④ 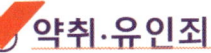약취·유인죄

제1장 학교폭력의 원인과 특징

5. 학교폭력 청소년 은어

정재준
학교폭력전문TV

5. 학교폭력 은어 – 극혐 (부정)

5. 학교폭력 은어 – 열폭 (긍정)

열등감 + **폭**발
→ 열등감 폭발!

5. 학교폭력 은어 – 개쩐다 (긍정, 부정)

쩔다 → 대단하다!
개 → 매우

5. 학교폭력 은어 - 낫닝겐 (긍정)

낫(Not) + 닝겐(일본어 인간)
→ (외모나 능력이) 인간이 아니다!

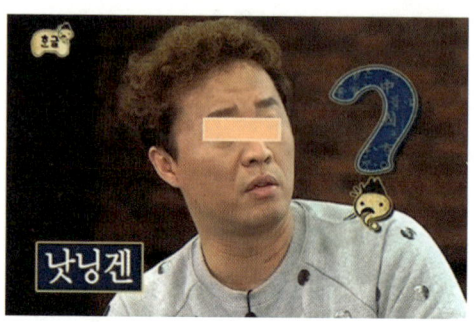

5. 학교폭력 은어 - 노잼 (부정)

No+잼(재미) → "재미없다"

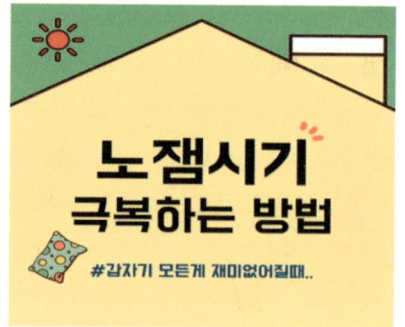

강조형으로 개노잼, 핵노잼, 씹노잼, 좆노잼

5. 학교폭력 은어 - 꼰대 (부정)

꼰대 → "권위적인 사고방식을 가진 윗사람"
[선생님, 늙은이, 나이 많은 남자]

5. 학교폭력 은어 - 왕따 (부정)

왕(심한, 제일) + 따돌림
→ 집단에서 특정 학생을 고립시킴

난 왕따야!

5. 학교폭력 은어 - 방폭 (부정)

급우를 단체 대화방에 초대한 뒤,
모두 나가버려 피해학생만 남겨놓음

순희 등장(초대)

은경: 재수없어!

철수: 나도!

민수: 빠이!

영희: 극혐

재준: 노잼

5. 학교폭력 은어 - 카톡감옥 (부정)

단체 대화방에 피해 학생을 끊임없이
초대하여 괴롭히는 행위 (카톡왕따)

5. 학교폭력 은어 - 셔틀 (부정)

상납하게 만드는 것

빵셔틀, 가방셔틀, 데이터(Wi-Fi) 셔틀

Shuttle : 두 장소를 오가는 버스

5. 학교폭력 은어 - 떼카 (부정)

떼카 = 떼(집단) + 카(카카오톡)

단체 대화방에 초대한 뒤,

단체로 욕설이나 비방을 퍼붓는 행위 (카톡유령)

5. 학교폭력 은어 - 카타 (부정)

단체 대화방에 피해학생의 사진을 올린 뒤 단체로 욕설이나 비방을 퍼붓는 행위

은경: 얘 단무지라 좁밥이야

철수: 난 꼬댕이 극혐!

민수: 얼큰이 금따!

영희: 야리(디비) 까는 고삐리 진따다, 야!

재준: 저 고딩 돌림빵하면 땡값도 아깝다

제1장 학교폭력의 원인과 특징

6. 세상 밖으로 나온 학교폭력

정재준
학교폭력전문TV

학교 폭력에 관한 상식

문2. 다음 네 나라 중에서 학교에서의 따돌림(왕따) 피해 경험이 가장 낮은 나라는?

① 일본   ② 한국   ③ 대만   ④ 네덜란드

피해 경험률(10만명 당)
한국(9.4) < 네덜란드(12.2) < 대만(13.3) < 일본(17.3)

학교 폭력에 관한 상식

문. 한국의 젊은이(9세-24세) 사망률 원인 1위(10만명당)로 알맞은 것은?

① 자살
② 교통사고
③ 질병
④ 범죄

- 교통사고는 10만명당 3.4명 인데 자살은 매년 약 10명

- 질량 보존의 법칙
  [학폭, 가폭 ➔ 자살]

전체 자살률 통계(OECD)

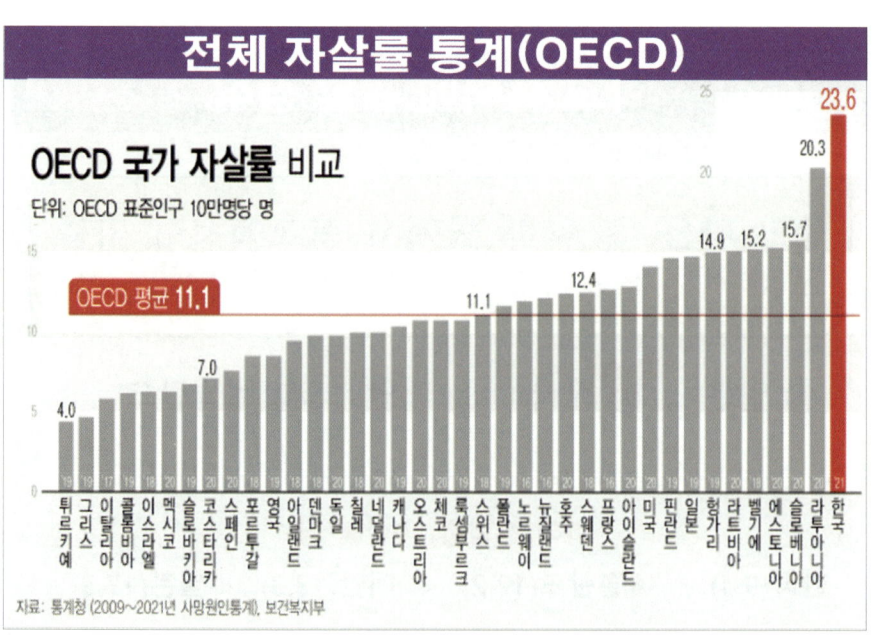

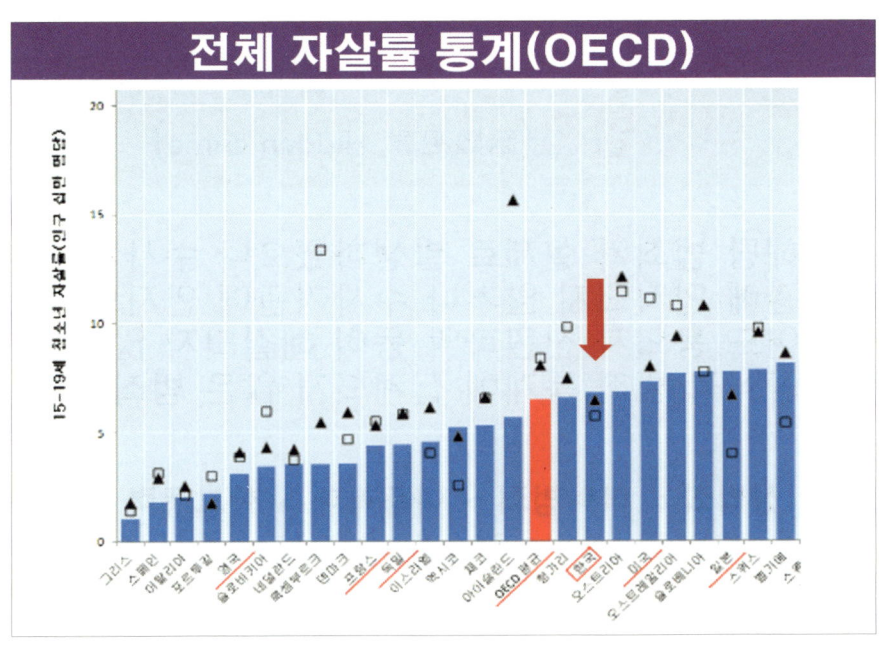

암수범죄 (暗數犯罪, Hidden crime)

- 해당 범죄가 실제로 발생하였으나 수사기관에 인지되지 않거나 수사기관에 인지되어도 용의자 신원파악 등이 해결되지 않아 공식적 범죄 통계에 집계되지 않은 범죄

성범죄 > 마약범죄 > 아동학대 > 학교폭력

성범죄 > 마약범죄 > 아동학대 > 학교폭력

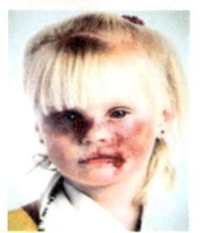

제1장 학교폭력의 원인과 특징

7. 각국의 학교폭력 특징

정재준
학교폭력전문TV

학교 폭력에 관한 상식

문. 학교 폭력 발생시 해결의 주 책임자(법적)로 연결이 바른 것은?

① 한국 —————— ㉮ 교육감
② 미국 —————— ㉯ 학부모
③ 영국 —————— ㉰ 교장
④ 일본 —————— ㉱ 지역사회

국가	주된 역할자 및 학교의 의무
	학교폭력 발생시 교장은 **교육감**에게 해당 사실 및 조치 결과 등 보고하고 교사는 교장에게 보고 의무만 있음.
	교장은 학생 행동이 고쳐지지 않을 것으로 판단될 경우 낙제시키고 해당 **학부모**를 방임으로 고발할 수 있음.
	학교 폭력 예방은 **교장**의 법적인 책임으로, 전체 학교는 폭력 근절을 위한 모든 수단 및 방법을 강구해야 함.
	학교폭력은 **지역사회** 문제로 인식해 학교와 경찰, 지역사회의 인적, 물적 자원 연계 및 출석정지제도 시행

학교폭력예방 및 대책에 관한 법률

제11조 (교육감의 임무)
① **교육감**은 시·도교육청에 학교폭력의 예방과 대책을 담당하는 전담부서를 설치·운영하여야 한다.
② **교육감**은 관할 구역 안에서 학교폭력이 발생한 때에는 해당 학교의 장 및 관련 학교의 장에게 그 경과 및 결과의 보고를 요구할 수 있다.
③ **교육감**은 관할 구역 안의 학교폭력이 관할 구역 외의 학교폭력과 관련이 있는 때에는 그 관할 교육감과 협의하여 적절한 조치를 취하여야 한다.

제11조의 2 (학교폭력의 조사와 상담)
① **교육감**은 학교폭력 예방과 사후조치 등을 위하여 다음 각 호의 조사·상담 등을 수행할 수 있다.

제12조 (학교폭력대책심의위원회 설치)
① 학교폭력의 예방 및 대책에 관련된 사항을 심의하기 위하여 교육지원청에 학교폭력대책심의위원회를 둔다. 다만, 심의위원회 구성에 있어 대통령령으로 정하는 사유가 있는 경우에는 **교육감** 보고를 거쳐 둘 이상의 교육지원청이 공동으로 심의위원회를 구성할 수 있다.

미국의 학교폭력 특징

288 school shootings in the **United States** since 2009

엄청난 학교내 총기 사고

VS.

Canada		2
France		2
Germany		1
Japan		0
Italy		0
UK		0

Based on CNN analysis of news reports

일본의 학교폭력 특징

일본은 학교내 폭력과 학교 밖 폭력을 구별

이지메, 무단결석, 학교폭력으로 인한 자살도 분리하여 통계를 발표

독일의 학교폭력 특징

초등학교 교사의 1/3 이상이 학생(특히 이민자)으로부터 지난 1년간 육체적 폭행을 당함

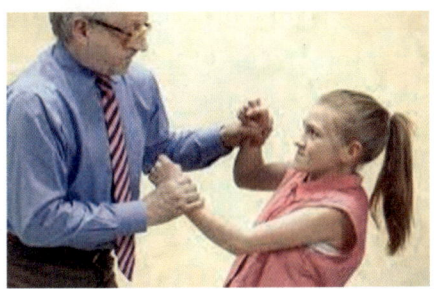

초등학교 > 중학교 > 고등학교

제2장 학교폭력예방 및 대책에 관한 법률과 시행령

학교폭력예방 및 대책에 관한 법률(법률 제17668호)

제1조(목적) 이 법은 학교폭력의 예방과 대책에 필요한 사항을 규정함으로써 피해학생의 보호, 가해학생의 선도·교육 및 피해학생과 가해학생 간의 분쟁조정을 통하여 학생의 인권을 보호하고 학생을 건전한 사회구성원으로 육성함을 목적으로 한다.

제2조(정의) 이 법에서 사용하는 용어의 정의는 다음 각 호와 같다.
1. "학교폭력"이란 학교 내외에서 학생을 대상으로 발생한 상해, 폭행, 감금, 협박, 약취·유인, 명예훼손·모욕, 공갈, 강요·강제적인 심부름 및 성폭력, 따돌림, 사이버 따돌림, 정보통신망을 이용한 음란·폭력 정보 등에 의하여 신체·정신 또는 재산상의 피해를 수반하는 행위를 말한다.
1의2. "따돌림"이란 학교 내외에서 2명 이상의 학생들이 특정인이나 특정집단의 학생들을 대상으로 지속적이거나 반복적으로 신체적 또는 심리적 공격을 가하여 상대방이 고통을 느끼도록 하는 모든 행위를 말한다.
1의3. "사이버 따돌림"이란 인터넷, 휴대전화 등 정보통신기기를 이용하여 학생들이 특정 학생들을 대상으로 지속적, 반복적으로 심리적 공격을 가하거나, 특정 학생과 관련된 개인정보 또는 허위사실을 유포하여 상대방이 고통을 느끼도록 하는 모든 행위를 말한다.
2. "학교"란 「초·중등교육법」 제2조에 따른 초등학교·중학교·고등학교·특수학교 및 각종학교와 같은 법 제61조에 따라 운영하는 학교를 말한다.
3. "가해학생"이란 가해자 중에서 학교폭력을 행사하거나 그 행위에 가담한 학생을 말한다.
4. "피해학생"이란 학교폭력으로 인하여 피해를 입은 학생을 말한다.
5. "장애학생"이란 신체적·정신적·지적 장애 등으로 「장애인 등에 대한 특수교육법」 제15조에서 규정하는 특수교육이 필요한 학생을 말한다.

제3조(해석·적용의 주의의무) 이 법을 해석·적용하는 경우 국민의 권리가 부당하게 침해되지 아니하도록 주의하여야 한다.

제4조(국가 및 지방자치단체의 책무) ① 국가 및 지방자치단체는 학교폭력을 예방하고 근절하기 위하여 조사·연구·교육·계도 등 필요한 법적·제도적 장치를 마련하여야 한다.
② 국가 및 지방자치단체는 청소년 관련 단체 등 민간의 자율적인 학교폭력 예방활동과 피해학생의 보호 및 가해학생의 선도·교육활동을 장려하여야 한다.
③ 국가 및 지방자치단체는 제2항에 따른 청소년 관련 단체 등 민간이 건의한 사항에 대하여는 관련 시책에 반영하도록 노력하여야 한다.
④ 국가 및 지방자치단체는 제1항부터 제3항까지의 규정에 따른 책무를 다하기 위하여 필요한 행정적·재정적 지원을 하여야 한다.

제5조(다른 법률과의 관계) ① 학교폭력의 규제, 피해학생의 보호 및 가해학생에 대한 조치에 관하여 다른 법률에 특별한 규정이 있는 경우를 제외하고는 이 법을 적용한다.
② 제2조제1호 중 성폭력은 다른 법률에 규정이 있는 경우에는 이 법을 적용하지 아니한다.

제6조(기본계획의 수립 등) ① 교육부장관은 이 법의 목적을 효율적으로 달성하기 위하여 학교폭력의 예방 및 대책에 관한 정책 목표·방향을 설정하고, 이에 따른 학교폭력의 예방 및 대책에 관한 기본계획(이하 "기본계획"이라 한다)을 제7조에 따른 학교폭력대책위원회의 심의를 거쳐 수립·시행하여야 한다.
② 기본계획은 다음 각 호의 사항을 포함하여 5년마다 수립하여야 한다. 이 경우 교육부장관은 관계 중앙행정기관 등의 의견을 수렴하여야 한다.
1. 학교폭력의 근절을 위한 조사·연구·교육 및 계도
2. 피해학생에 대한 치료·재활 등의 지원
3. 학교폭력 관련 행정기관 및 교육기관 상호 간의 협조·지원

4. 제14조제1항에 따른 전문상담교사의 배치 및 이에 대한 행정적·재정적 지원
5. 학교폭력의 예방과 피해학생 및 가해학생의 치료·교육을 수행하는 청소년 관련 단체(이하 "전문단체"라 한다) 또는 전문가에 대한 행정적·재정적 지원
6. 그 밖에 학교폭력의 예방 및 대책을 위하여 필요한 사항
③ 교육부장관은 대통령령으로 정하는 바에 따라 특별시·광역시·특별자치시·도 및 특별자치도(이하 "시·도"라 한다) 교육청의 학교폭력 예방 및 대책과 그에 대한 성과를 평가하고, 이를 공표하여야 한다.

제7조(학교폭력대책위원회의 설치·기능) 학교폭력의 예방 및 대책에 관한 다음 각 호의 사항을 심의하기 위하여 국무총리 소속으로 학교폭력대책위원회(이하 "대책위원회"라 한다)를 둔다.
1. 학교폭력의 예방 및 대책에 관한 기본계획의 수립 및 시행에 대한 평가
2. 학교폭력과 관련하여 관계 중앙행정기관 및 지방자치단체의 장이 요청하는 사항
3. 학교폭력과 관련하여 교육청, 제9조에 따른 학교폭력대책지역위원회, 제10조의2에 따른 학교폭력대책지역협의회, 제12조에 따른 학교폭력대책심의위원회, 전문단체 및 전문가가 요청하는 사항

제8조(대책위원회의 구성) ① 대책위원회는 위원장 2명을 포함하여 20명 이내의 위원으로 구성한다.
② 위원장은 국무총리와 학교폭력 대책에 관한 전문지식과 경험이 풍부한 전문가 중에서 대통령이 위촉하는 사람이 공동으로 되고, 위원장 모두가 부득이한 사유로 직무를 수행할 수 없을 때에는 국무총리가 지명한 위원이 그 직무를 대행한다.
③ 위원은 다음 각 호의 사람 중에서 대통령이 위촉하는 사람으로 한다. 다만, 제1호의 경우에는 당연직 위원으로 한다.

1. 기획재정부장관, 교육부장관, 과학기술정보통신부장관, 법무부장관, 행정안전부장관, 문화체육관광부장관, 보건복지부장관, 여성가족부장관, 방송통신위원회 위원장, 경찰청장
2. 학교폭력 대책에 관한 전문지식과 경험이 풍부한 전문가 중에서 제1호의 위원이 각각 1명씩 추천하는 사람
3. 관계 중앙행정기관에 소속된 3급 공무원 또는 고위공무원단에 속하는 공무원으로서 청소년 또는 의료 관련 업무를 담당하는 사람
4. 대학이나 공인된 연구기관에서 조교수 이상 또는 이에 상당한 직에 있거나 있었던 사람으로서 학교폭력 문제 및 이에 따른 상담 또는 심리에 관하여 전문지식이 있는 사람
5. 판사·검사·변호사
6. 전문단체에서 청소년보호활동을 5년 이상 전문적으로 담당한 사람
7. 의사의 자격이 있는 사람
8. 학교운영위원회 활동 및 청소년보호활동 경험이 풍부한 학부모
④ 위원장을 포함한 위원의 임기는 2년으로 하되, 한 차례에 한정하여 연임할 수 있다.
⑤ 위원회의 효율적 운영 및 지원을 위하여 간사 1명을 두되, 간사는 교육부장관이 된다.
⑥ 위원회에 상정할 안건을 미리 검토하는 등 안건 심의를 지원하고, 위원회가 위임한 안건을 심의하기 위하여 대책위원회에 학교폭력대책실무위원회(이하 "실무위원회"라 한다)를 둔다.
⑦ 그 밖에 대책위원회의 운영과 실무위원회의 구성·운영에 필요한 사항은 대통령령으로 정한다.

제9조(학교폭력대책지역위원회의 설치) ① 지역의 학교폭력 문제를 해결하기 위하여 시·도에 학교폭력대책지역위원회(이하 "지역위원회"라 한다)를 둔다.
② 특별시장·광역시장·특별자치시장·도지사 및 특별자치도지사는 지역위원회의 운영 및 활동에 관하여 시·도의 교육감(이하 "교육감"이라 한다)과 협의하여야 하며, 그 효율적인 운영을 위하여 실무위원회를 둘 수 있다.
③ 지역위원회는 위원장 1인을 포함한 11인 이내의 위원으로 구성한다.

④ 지역위원회 및 제2항에 따른 실무위원회의 구성·운영에 필요한 사항은 대통령령으로 정한다.
제10조(학교폭력대책지역위원회의 기능 등) ① 지역위원회는 기본계획에 따라 지역의 학교폭력 예방대책을 매년 수립한다.
② 지역위원회는 해당 지역에서 발생한 학교폭력에 대하여 교육감 및 시·도경찰청장에게 관련 자료를 요청할 수 있다.
③ 교육감은 지역위원회의 의견을 들어 제16조제1항제1호부터 제3호까지나 제17조제1항제5호에 따른 상담·치료 및 교육을 담당할 상담·치료·교육 기관을 지정하여야 한다.
④ 교육감은 제3항에 따른 상담·치료·교육 기관을 지정한 때에는 해당 기관의 명칭, 소재지, 업무를 인터넷 홈페이지에 게시하고, 그 밖에 다양한 방법으로 학부모에게 알릴 수 있도록 노력하여야 한다.

제10조의2(학교폭력대책지역협의회의 설치·운영) ① 학교폭력예방 대책을 수립하고 기관별 추진계획 및 상호 협력·지원 방안 등을 협의하기 위하여 시·군·구에 학교폭력대책지역협의회(이하 "지역협의회"라 한다)를 둔다.
② 지역협의회는 위원장 1명을 포함한 20명 내외의 위원으로 구성한다.
③ 그 밖에 지역협의회의 구성·운영에 필요한 사항은 대통령령으로 정한다.

제11조(교육감의 임무) ① 교육감은 시·도교육청에 학교폭력의 예방과 대책을 담당하는 전담부서를 설치·운영하여야 한다.
② 교육감은 관할 구역 안에서 학교폭력이 발생한 때에는 해당 학교의 장 및 관련 학교의 장에게 그 경과 및 결과의 보고를 요구할 수 있다.
③ 교육감은 관할 구역 안의 학교폭력이 관할 구역 외의 학교폭력과 관련이 있는 때에는 그 관할 교육감과 협의하여 적절한 조치를 취하여야 한다.
④ 교육감은 학교의 장으로 하여금 학교폭력의 예방 및 대책에 관한 실시계획을 수립·시행하도록 하여야 한다.
⑤ 교육감은 제12조에 따른 심의위원회가 처리한 학교의 학교폭력빈도를 학교의 장에 대한 업무수행 평가에 부정적 자료로 사용하여서는 아니 된다.

⑥ 교육감은 제17조제1항제8호에 따른 전학의 경우 그 실현을 위하여 필요한 조치를 취하여야 하며, 제17조제1항제9호에 따른 퇴학처분의 경우 해당 학생의 건전한 성장을 위하여 다른 학교 재입학 등의 적절한 대책을 강구하여야 한다.
⑦ 교육감은 대책위원회 및 지역위원회에 관할 구역 안의 학교폭력의 실태 및 대책에 관한 사항을 보고하고 공표하여야 한다. 관할 구역 밖의 학교폭력 관련 사항 중 관할 구역 안의 학교와 관련된 경우에도 또한 같다.
⑧ 교육감은 학교폭력의 실태를 파악하고 학교폭력에 대한 효율적인 예방대책을 수립하기 위하여 학교폭력 실태조사를 연 2회 이상 실시하고 그 결과를 공표하여야 한다.
⑨ 교육감은 학교폭력 등에 관한 조사, 상담, 치유프로그램 운영 등을 위한 전문기관을 설치·운영할 수 있다.
⑩ 교육감은 관할 구역에서 학교폭력이 발생한 때에 해당 학교의 장 또는 소속 교원이 그 경과 및 결과를 보고하면서 축소 및 은폐를 시도한 경우에는 「교육공무원법」 제50조 및 「사립학교법」 제62조에 따른 징계위원회에 징계의결을 요구하여야 한다.
⑪ 교육감은 관할 구역에서 학교폭력의 예방 및 대책 마련에 기여한 바가 큰 학교 또는 소속 교원에게 상훈을 수여하거나 소속 교원의 근무성적 평정에 가산점을 부여할 수 있다.
⑫ 제1항에 따라 설치되는 전담부서의 구성과 제8항에 따라 실시하는 학교폭력 실태조사 및 제9항에 따른 전문기관의 설치에 필요한 사항은 대통령령으로 정한다.

제11조의2(학교폭력 조사·상담 등) ① 교육감은 학교폭력 예방과 사후조치 등을 위하여 다음 각 호의 조사·상담 등을 수행할 수 있다.
1. 학교폭력 피해학생 상담 및 가해학생 조사
2. 필요한 경우 가해학생 학부모 조사
3. 학교폭력 예방 및 대책에 관한 계획의 이행 지도
4. 관할 구역 학교폭력서클 단속
5. 학교폭력 예방을 위하여 민간 기관 및 업소 출입·검사
6. 그 밖에 학교폭력 등과 관련하여 필요한 사항

② 교육감은 제1항의 조사·상담 등의 업무를 대통령령으로 정하는 기관 또는 단체에 위탁할 수 있다.
③ 교육감 및 제2항에 따른 위탁 기관 또는 단체의 장은 제1항에 따른 조사·상담 등의 업무 수행에 필요한 경우 관계 기관의 장에게 협조를 요청할 수 있다.
④ 제1항에 따라 조사·상담 등을 하는 관계 직원은 그 권한을 표시하는 증표를 지니고 이를 관계인에게 보여주어야 한다.
⑤ 제1항제1호 및 제4호의 조사 등의 결과는 학교의 장 및 보호자에게 통보하여야 한다.

제11조의3(관계 기관과의 협조 등) ① 교육부장관, 교육감, 지역 교육장, 학교의 장은 학교폭력과 관련한 개인정보 등을 경찰청장, 시·도경찰청장, 관할 경찰서장 및 관계 기관의 장에게 요청할 수 있다.
② 제1항에 따라 정보제공을 요청받은 경찰청장, 시·도경찰청장, 관할 경찰서장 및 관계 기관의 장은 특별한 사정이 없으면 그 요청을 따라야 한다.
③ 제1항 및 제2항에 따른 관계 기관과의 협조 사항 및 절차 등에 필요한 사항은 대통령령으로 정한다.

제12조(학교폭력대책심의위원회의 설치·기능) ① 학교폭력의 예방 및 대책에 관련된 사항을 심의하기 위하여 「지방교육자치에 관한 법률」 제34조 및 「제주특별자치도 설치 및 국제자유도시 조성을 위한 특별법」 제80조에 따른 교육지원청(교육지원청이 없는 경우 해당 시·도 조례로 정하는 기관으로 한다. 이하 같다)에 학교폭력대책심의위원회(이하 "심의위원회"라 한다)를 둔다. 다만, 심의위원회 구성에 있어 대통령령으로 정하는 사유가 있는 경우에는 교육감 보고를 거쳐 둘 이상의 교육지원청이 공동으로 심의위원회를 구성할 수 있다.
② 심의위원회는 학교폭력의 예방 및 대책 등을 위하여 다음 각 호의 사항을 심의한다.
1. 학교폭력의 예방 및 대책
2. 피해학생의 보호
3. 가해학생에 대한 교육, 선도 및 징계
4. 피해학생과 가해학생 간의 분쟁조정
5. 그 밖에 대통령령으로 정하는 사항

③ 심의위원회는 해당 지역에서 발생한 학교폭력에 대하여 조사할 수 있고 학교장 및 관할 경찰서장에게 관련 자료를 요청할 수 있다.
④ 심의위원회의 설치·기능 등에 필요한 사항은 지역 및 교육지원청의 규모 등을 고려하여 대통령령으로 정한다.

제13조(심의위원회의 구성·운영) ① 심의위원회는 10명 이상 50명 이내의 위원으로 구성하되, 전체위원의 3분의 1 이상을 해당 교육지원청 관할 구역 내 학교(고등학교를 포함한다)에 소속된 학생의 학부모로 위촉하여야 한다.
② 심의위원회의 위원장은 다음 각 호의 어느 하나에 해당하는 경우에 회의를 소집하여야 한다.
1. 심의위원회 재적위원 4분의 1 이상이 요청하는 경우
2. 학교의 장이 요청하는 경우
3. 피해학생 또는 그 보호자가 요청하는 경우
4. 학교폭력이 발생한 사실을 신고받거나 보고받은 경우
5. 가해학생이 협박 또는 보복한 사실을 신고받거나 보고받은 경우
6. 그 밖에 위원장이 필요하다고 인정하는 경우
③ 심의위원회는 회의의 일시, 장소, 출석위원, 토의내용 및 의결사항 등이 기록된 회의록을 작성·보존하여야 한다.
④ 심의위원회는 심의 과정에서 소아청소년과 의사, 정신건강의학과 의사, 심리학자, 그 밖의 아동심리와 관련된 전문가를 출석하게 하거나 서면 등의 방법으로 의견을 청취할 수 있고, 피해학생이 상담·치료 등을 받은 경우 해당 전문가 또는 전문의 등으로부터 의견을 청취할 수 있다. 다만, 심의위원회는 피해학생 또는 그 보호자의 의사를 확인하여 피해학생 또는 그 보호자의 요청이 있는 경우에는 반드시 의견을 청취하여야 한다.
⑤ 그 밖에 심의위원회의 구성·운영에 필요한 사항은 대통령령으로 정한다.

제13조의2(학교의 장의 자체해결) ① 제13조제2항제4호 및 제5호에도 불구하고 피해학생 및 그 보호자가 심의위원회의 개최를 원하지 아니하는 다음 각 호에 모두 해당하는 경미한 학교폭력의 경우 학교의 장은 학교폭력사건을 자체적으로 해결할 수 있다. 이 경우 학교의 장은 지체 없이 이를 심의위원회에 보고하여야 한다.

1. 2주 이상의 신체적·정신적 치료가 필요한 진단서를 발급받지 않은 경우
2. 재산상 피해가 없거나 즉각 복구된 경우
3. 학교폭력이 지속적이지 않은 경우
4. 학교폭력에 대한 신고, 진술, 자료제공 등에 대한 보복행위가 아닌 경우
② 학교의 장은 제1항에 따라 사건을 해결하려는 경우 다음 각 호에 해당하는 절차를 모두 거쳐야 한다.
1. 피해학생과 그 보호자의 심의위원회 개최 요구 의사의 서면 확인
2. 학교폭력의 경중에 대한 제14조제3항에 따른 전담기구의 서면 확인 및 심의
③ 그 밖에 학교의 장이 학교폭력을 자체적으로 해결하는 데에 필요한 사항은 대통령령으로 정한다.

제14조(전문상담교사 배치 및 전담기구 구성) ① 학교의 장은 학교에 대통령령으로 정하는 바에 따라 상담실을 설치하고, 「초·중등교육법」 제19조의2에 따라 전문상담교사를 둔다.
② 전문상담교사는 학교의 장 및 심의위원회의 요구가 있는 때에는 학교폭력에 관련된 피해학생 및 가해학생과의 상담결과를 보고하여야 한다.
③ 학교의 장은 교감, 전문상담교사, 보건교사 및 책임교사(학교폭력문제를 담당하는 교사를 말한다), 학부모 등으로 학교폭력문제를 담당하는 전담기구(이하 "전담기구"라 한다)를 구성한다. 이 경우 학부모는 전담기구 구성원의 3분의 1 이상이어야 한다.
④ 학교의 장은 학교폭력 사태를 인지한 경우 지체 없이 전담기구 또는 소속 교원으로 하여금 가해 및 피해 사실 여부를 확인하도록 하고, 전담기구로 하여금 제13조의2에 따른 학교의 장의 자체해결 부의 여부를 심의하도록 한다.
⑤ 전담기구는 학교폭력에 대한 실태조사(이하 "실태조사"라 한다)와 학교폭력 예방 프로그램을 구성·실시하며, 학교의 장 및 심의위원회의 요구가 있는 때에는 학교폭력에 관련된 조사결과 등 활동결과를 보고하여야 한다.

⑥ 피해학생 또는 피해학생의 보호자는 피해사실 확인을 위하여 전담기구에 실태조사를 요구할 수 있다.
⑦ 국가 및 지방자치단체는 실태조사에 관한 예산을 지원하고, 관계 행정기관은 실태조사에 협조하여야 하며, 학교의 장은 전담기구에 행정적·재정적 지원을 할 수 있다.
⑧ 전담기구는 성폭력 등 특수한 학교폭력사건에 대한 실태조사의 전문성을 확보하기 위하여 필요한 경우 전문기관에 그 실태조사를 의뢰할 수 있다. 이 경우 그 의뢰는 심의위원회 위원장의 심의를 거쳐 학교의 장 명의로 하여야 한다.
⑨ 그 밖에 전담기구 운영 등에 필요한 사항은 대통령령으로 정한다.

제15조(학교폭력 예방교육 등) ① 학교의 장은 학생의 육체적·정신적 보호와 학교폭력의 예방을 위한 학생들에 대한 교육(학교폭력의 개념·실태 및 대처방안 등을 포함하여야 한다)을 학기별로 1회 이상 실시하여야 한다.
② 학교의 장은 학교폭력의 예방 및 대책 등을 위한 교직원 및 학부모에 대한 교육을 학기별로 1회 이상 실시하여야 한다.
③ 학교의 장은 제1항에 따른 학교폭력 예방교육 프로그램의 구성 및 그 운용 등을 전담기구와 협의하여 전문단체 또는 전문가에게 위탁할 수 있다.
④ 교육장은 제1항부터 제3항까지의 규정에 따른 학교폭력 예방교육 프로그램의 구성과 운용계획을 학부모가 쉽게 확인할 수 있도록 인터넷 홈페이지에 게시하고, 그 밖에 다양한 방법으로 학부모에게 알릴 수 있도록 노력하여야 한다.
⑤ 그 밖에 학교폭력 예방교육의 실시와 관련한 사항은 대통령령으로 정한다.

제16조(피해학생의 보호) ① 심의위원회는 피해학생의 보호를 위하여 필요하다고 인정하는 때에는 피해학생에 대하여 다음 각 호의 어느 하나에 해당하는 조치(수 개의 조치를 동시에 부과하는 경우를 포함한다)를 할 것을 교육장(교육장이 없는 경우 제12조제1항에 따라 조례로 정한 기관의 장으로 한다. 이하 같다)에게 요청할 수 있다. 다만, 학교의 장은 학교폭력사건을 인지한 경우 피해학생의 반대의사 등 대통령령으로 정하는 특별한 사정이 없으면 지체 없이 가해자(교사를 포함한다)와 피해학생을 분리하여야 하며, 피해학생이 긴급보호를 요청하는 경우에는 제1호, 제2호 및 제6호의 조치를 할 수 있다. 이 경우 학교의 장은 심의위원회에 즉시 보고하여야 한다.
1. 학내외 전문가에 의한 심리상담 및 조언
2. 일시보호
3. 치료 및 치료를 위한 요양
4. 학급교체
5. 삭제 <2012. 3. 21.>
6. 그 밖에 피해학생의 보호를 위하여 필요한 조치
② 심의위원회는 제1항에 따른 조치를 요청하기 전에 피해학생 및 그 보호자에게 의견진술의 기회를 부여하는 등 적정한 절차를 거쳐야 한다.
③ 제1항에 따른 요청이 있는 때에는 교육장은 피해학생의 보호자의 동의를 받아 7일 이내에 해당 조치를 하여야 한다.
④ 제1항의 조치 등 보호가 필요한 학생에 대하여 학교의 장이 인정하는 경우 그 조치에 필요한 결석을 출석일수에 포함하여 계산할 수 있다.
⑤ 학교의 장은 성적 등을 평가하는 경우 제3항에 따른 조치로 인하여 학생에게 불이익을 주지 아니하도록 노력하여야 한다.
⑥ 피해학생이 전문단체나 전문가로부터 제1항제1호부터 제3호까지의 규정에 따른 상담 등을 받는 데에 사용되는 비용은 가해학생의 보호자가 부담하여야 한다. 다만, 피해학생의 신속한 치료를 위하여 학교의 장 또는 피해학생의 보호자가 원하는 경우에는 「학교안전사고 예방 및 보상에 관한 법률」제15조에 따른 학교안전공제회 또는 시·도교육청이 부담하고 이에 대한 상환청구권을 행사할 수 있다.

1. 삭제 <2012. 3. 21.>   2. 삭제 <2012. 3. 21.>
⑦ 학교의 장 또는 피해학생의 보호자는 필요한 경우 「학교안전사고 예방 및 보상에 관한 법률」 제34조의 공제급여를 학교안전공제회에 직접 청구할 수 있다.
⑧ 피해학생의 보호 및 제6항에 따른 지원범위, 상환청구범위, 지급절차 등에 필요한 사항은 대통령령으로 정한다.

제16조의2(장애학생의 보호) ① 누구든지 장애 등을 이유로 장애학생에게 학교폭력을 행사하여서는 아니 된다.
② 심의위원회는 피해학생 또는 가해학생이 장애학생인 경우 심의과정에 「장애인 등에 대한 특수교육법」 제2조제4호에 따른 특수교육교원 등 특수교육 전문가 또는 장애인 전문가를 출석하게 하거나 서면 등의 방법으로 의견을 청취할 수 있다.
③ 심의위원회는 학교폭력으로 피해를 입은 장애학생의 보호를 위하여 장애인전문 상담가의 상담 또는 장애인전문 치료기관의 요양 조치를 학교의 장에게 요청할 수 있다.
④ 제3항에 따른 요청이 있는 때에는 학교의 장은 해당 조치를 하여야 한다. 이 경우 제16조제6항을 준용한다.

제17조(가해학생에 대한 조치) ① 심의위원회는 피해학생의 보호와 가해학생의 선도·교육을 위하여 가해학생에 대하여 다음 각 호의 어느 하나에 해당하는 조치(수 개의 조치를 동시에 부과하는 경우를 포함한다)를 할 것을 교육장에게 요청하여야 하며, 각 조치별 적용 기준은 대통령령으로 정한다. 다만, 퇴학처분은 의무교육과정에 있는 가해학생에 대하여는 적용하지 아니한다.
1. 피해학생에 대한 서면사과
2. 피해학생 및 신고·고발 학생에 대한 접촉, 협박 및 보복행위의 금지
3. 학교에서의 봉사
4. 사회봉사
5. 학내외 전문가에 의한 특별 교육이수 또는 심리치료
6. 출석정지
7. 학급교체
8. 전학
9. 퇴학처분

② 제1항에 따라 심의위원회가 교육장에게 가해학생에 대한 조치를 요청할 때 그 이유가 피해학생이나 신고·고발 학생에 대한 협박 또는 보복 행위일 경우에는 같은 항 각 호의 조치를 동시에 부과하거나 조치 내용을 가중할 수 있다.
③ 제1항제2호부터 제4호까지 및 제6호부터 제8호까지의 처분을 받은 가해학생은 교육감이 정한 기관에서 특별교육을 이수하거나 심리치료를 받아야 하며, 그 기간은 심의위원회에서 정한다.
④ 학교의 장은 가해학생에 대한 선도가 긴급하다고 인정할 경우 우선 제1항제1호부터 제3호까지, 제5호 및 제6호의 조치를 할 수 있으며, 제5호와 제6호의 조치는 동시에 부과할 수 있다. 이 경우 심의위원회에 즉시 보고하여 추인을 받아야 한다.
⑤ 심의위원회는 제1항 또는 제2항에 따른 조치를 요청하기 전에 가해학생 및 보호자에게 의견진술의 기회를 부여하는 등 적정한 절차를 거쳐야 한다.
⑥ 제1항에 따른 요청이 있는 때에는 교육장은 14일 이내에 해당 조치를 하여야 한다.
⑦ 학교의 장이 제4항에 따른 조치를 한 때에는 가해학생과 그 보호자에게 이를 통지하여야 하며, 가해학생이 이를 거부하거나 회피하는 때에는 학교의 장은 「초·중등교육법」 제18조에 따라 징계하여야 한다.
⑧ 가해학생이 제1항제3호부터 제5호까지의 규정에 따른 조치를 받은 경우 이와 관련된 결석은 학교의 장이 인정하는 때에는 이를 출석일수에 포함하여 계산할 수 있다.
⑨ 심의위원회는 가해학생이 특별교육을 이수할 경우 해당 학생의 보호자도 함께 교육을 받게 하여야 한다.
⑩ 가해학생이 다른 학교로 전학을 간 이후에는 전학 전의 피해학생 소속 학교로 다시 전학올 수 없도록 하여야 한다.
⑪ 제1항제2호부터 제9호까지의 처분을 받은 학생이 해당 조치를 거부하거나 기피하는 경우 심의위원회는 제7항에도 불구하고 대통령령으로 정하는 바에 따라 추가로 다른 조치를 할 것을 교육장에게 요청할 수 있다.
⑫ 가해학생에 대한 조치 및 제11조제6항에 따른 재입학 등에 관하여 필요한 사항은 대통령령으로 정한다.

제17조의2(행정심판) ① 교육장이 제16조제1항 및 제17조제1항에 따라 내린 조치에 대하여 이의가 있는 피해학생 또는 그 보호자는 「행정심판법」에 따른 행정심판을 청구할 수 있다.
② 교육장이 제17조제1항에 따라 내린 조치에 대하여 이의가 있는 가해학생 또는 그 보호자는 「행정심판법」에 따른 행정심판을 청구할 수
③ 제1항 및 제2항에 따른 행정심판청구에 필요한 사항은 「행정심판법」을 준용한다.
④ 삭제 <2019. 8. 20.>
⑤ 삭제 <2019. 8. 20.>
⑥ 삭제 <2019. 8. 20.>

제18조(분쟁조정) ① 심의위원회는 학교폭력과 관련하여 분쟁이 있는 경우에는 그 분쟁을 조정할 수 있다.
② 제1항에 따른 분쟁의 조정기간은 1개월을 넘지 못한다.
③ 학교폭력과 관련한 분쟁조정에는 다음 각 호의 사항을 포함한다.
1. 피해학생과 가해학생간 또는 그 보호자 간의 손해배상에 관련된 합의조정
2. 그 밖에 심의위원회가 필요하다고 인정하는 사항
④ 심의위원회는 분쟁조정을 위하여 필요하다고 인정하는 때에는 관계기관의 협조를 얻어 학교폭력과 관련한 사항을 조사할 수 있다.
⑤ 심의위원회가 분쟁조정을 하고자 할 때에는 이를 피해학생·가해학생 및 그 보호자에게 통보하여야 한다.
⑥ 시·도교육청 관할 구역 안의 소속 교육지원청이 다른 학생 간에 분쟁이 있는 경우에는 교육감이 직접 분쟁을 조정한다. 이 경우 제2항부터 제5항까지의 규정을 준용한다.
⑦ 관할 구역을 달리하는 시·도교육청 소속 학교의 학생 간에 분쟁이 있는 경우에는 피해학생을 감독하는 교육감이 가해학생을 감독하는 교육감과의 협의를 거쳐 직접 분쟁을 조정한다. 이 경우 제2항부터 제5항까지의 규정을 준용한다.

제19조(학교의 장의 의무) ① 학교의 장은 제16조, 제16조의2, 제17조에 따른 조치의 이행에 협조하여야 한다.
② 학교의 장은 학교폭력을 축소 또는 은폐해서는 아니 된다.
③ 학교의 장은 교육감에게 학교폭력이 발생한 사실과 제13조의2에 따라 학교의 장의 자체해결로 처리된 사건, 제16조, 제16조의2, 제17조 및 제18조에 따른 조치 및 그 결과를 보고하고, 관계 기관과 협력하여 교내 학교폭력 단체의 결성예방 및 해체에 노력하여야 한다.

제20조(학교폭력의 신고의무) ① 학교폭력 현장을 보거나 그 사실을 알게 된 자는 학교 등 관계 기관에 이를 즉시 신고하여야 한다.
② 제1항에 따라 신고를 받은 기관은 이를 가해학생 및 피해학생의 보호자와 소속 학교의 장에게 통보하여야 한다.
③ 제2항에 따라 통보받은 소속 학교의 장은 이를 심의위원회에 지체 없이 통보하여야 한다.
④ 누구라도 학교폭력의 예비·음모 등을 알게 된 자는 이를 학교의 장 또는 심의위원회에 고발할 수 있다. 다만, 교원이 이를 알게 되었을 경우에는 학교의 장에게 보고하고 해당 학부모에게 알려야 한다.
⑤ 누구든지 제1항부터 제4항까지에 따라 학교폭력을 신고한 사람에게 그 신고행위를 이유로 불이익을 주어서는 아니 된다.

제20조의2(긴급전화의 설치 등) ① 국가 및 지방자치단체는 학교폭력을 수시로 신고받고 이에 대한 상담에 응할 수 있도록 긴급전화를 설치하여야 한다.
② 국가와 지방자치단체는 제1항에 따른 긴급전화의 설치·운영을 대통령령으로 정하는 기관 또는 단체에 위탁할 수 있다.
③ 제1항과 제2항에 따른 긴급전화의 설치·운영·위탁에 필요한 사항은 대통령령으로 정한다.

제20조의3(정보통신망에 의한 학교폭력 등) 제2조제1호에 따른 정보통신망을 이용한 음란·폭력 정보 등에 의한 신체상·정신상 피해에 관하여 필요한 사항은 따로 법률로 정한다.

제20조의4(정보통신망의 이용 등) ① 국가·지방자치단체 또는 교육감은 학교폭력 예방 업무 등을 효과적으로 수행하기 위하여 필요한 경우 정보통신망을 이용할 수 있다.
② 국가·지방자치단체 또는 교육감은 제1항에 따라 정보통신망을 이용하여 학교 또는 학생(학부모를 포함한다)이 학교폭력 예방 업무 등을 수행하는 경우 다음 각 호의 어느 하나에 해당하는 비용의 전부 또는 일부를 지원할 수 있다.
1. 학교 또는 학생(학부모를 포함한다)이 전기통신설비를 구입하거나 이용하는 데 소요되는 비용
2. 학교 또는 학생(학부모를 포함한다)에게 부과되는 전기통신역무 요금
③ 그 밖에 정보통신망의 이용 등에 관하여 필요한 사항은 대통령령으로 정한다.

제20조의5(학생보호인력의 배치 등) ① 국가·지방자치단체 또는 학교의 장은 학교폭력을 예방하기 위하여 학교 내에 학생보호인력을 배치하여 활용할 수 있다.
② 다음 각 호의 어느 하나에 해당하는 사람은 학생보호인력이 될 수 없다.
1. 「국가공무원법」 제33조 각 호의 어느 하나에 해당하는 사람
2. 「아동·청소년의 성보호에 관한 법률」에 따른 아동·청소년대상 성범죄 또는 「성폭력범죄의 처벌 등에 관한 특례법」에 따른 성폭력범죄를 저질러 벌금형을 선고받고 그 형이 확정된 날부터 10년이 지나지 아니하였거나, 금고 이상의 형이나 치료감호를 선고받고 그 집행이 끝나거나 집행이 유예·면제된 날부터 10년이 지나지 아니한 사람
3. 「청소년 보호법」 제2조제5호가목3) 및 같은 목 7)부터 9)까지의 청소년 출입·고용금지업소의 업주나 종사자
③ 국가·지방자치단체 또는 학교의 장은 제1항에 따른 학생보호인력의 배치 및 활용 업무를 관련 전문기관 또는 단체에 위탁할 수 있다.
④ 제3항에 따라 학생보호인력의 배치 및 활용 업무를 위탁받은 전문기관 또는 단체는 그 업무를 수행하는 경우 학교의 장과 충분히 협의하여야 한다.

⑤ 국가·지방자치단체 또는 학교의 장은 학생보호인력으로 배치하고자 하는 사람의 동의를 받아 경찰청장에게 그 사람의 범죄경력을 조회할 수 있다.
⑥ 제3항에 따라 학생보호인력의 배치 및 활용 업무를 위탁받은 전문기관 또는 단체는 해당 업무를 위탁한 국가·지방자치단체 또는 학교의 장에게 학생보호인력으로 배치하고자 하는 사람의 범죄경력을 조회할 것을 신청할 수 있다.
⑦ 학생보호인력이 되려는 사람은 국가·지방자치단체 또는 학교의 장에게 제2항 각 호의 어느 하나에 해당하지 아니한다는 확인서를 제출하여야 한다.

제20조의6(학교전담경찰관) ① 국가는 학교폭력 예방 및 근절을 위하여 학교폭력 업무 등을 전담하는 경찰관을 둘 수 있다.
② 제1항에 따른 학교전담경찰관의 운영에 필요한 사항은 대통령령으로 정한다.

제20조의7(영상정보처리기기의 통합 관제) ① 국가 및 지방자치단체는 학교폭력 예방 업무를 효과적으로 수행하기 위하여 교육감과 협의하여 학교 내외에 설치된 영상정보처리기기(「개인정보 보호법」 제2조제7호에 따른 영상정보처리기기를 말한다. 이하 이 조에서 같다)를 통합하여 관제할 수 있다. 이 경우 국가 및 지방자치단체는 통합 관제 목적에 필요한 범위에서 최소한의 개인정보만을 처리하여야 하며, 그 목적 외의 용도로 활용하여서는 아니 된다.
② 제1항에 따라 영상정보처리기기를 통합 관제하려는 국가 및 지방자치단체는 공청회·설명회의 개최 등 대통령령으로 정하는 절차를 거쳐 관계 전문가 및 이해관계인의 의견을 수렴하여야 한다.
③ 제1항에 따라 학교 내외에 설치된 영상정보처리기기가 통합 관제되는 경우 해당 학교의 영상정보처리기기운영자는 「개인정보 보호법」 제25조제4항에 따른 조치를 통하여 그 사실을 정보주체에게 알려야 한다.
④ 통합 관제에 관하여 이 법에서 규정한 것을 제외하고는 「개인정보 보호법」을 적용한다.
⑤ 그 밖에 영상정보처리기기의 통합 관제에 필요한 사항은 대통령령으로 정한다.

제20조의7(영상정보처리기기의 통합 관제) ① 국가 및 지방자치단체는 학교폭력 예방 업무를 효과적으로 수행하기 위하여 교육감과 협의하여 학교 내외에 설치된 영상정보처리기기(「개인정보 보호법」 제2조제7호에 따른 고정형 영상정보처리기기를 말한다. 이하 이 조에서 같다)를 통합하여 관제할 수 있다. 이 경우 국가 및 지방자치단체는 통합 관제 목적에 필요한 범위에서 최소한의 개인정보만을 처리하여야 하며, 그 목적 외의 용도로 활용하여서는 아니 된다.
② 제1항에 따라 영상정보처리기기를 통합 관제하려는 국가 및 지방자치단체는 공청회·설명회의 개최 등 대통령령으로 정하는 절차를 거쳐 관계 전문가 및 이해관계인의 의견을 수렴하여야 한다.
③ 제1항에 따라 학교 내외에 설치된 영상정보처리기기가 통합 관제되는 경우 해당 학교의 영상정보처리기기운영자는 「개인정보 보호법」 제25조제4항에 따른 조치를 통하여 그 사실을 정보주체에게 알려야 한다.
④ 통합 관제에 관하여 이 법에서 규정한 것을 제외하고는 「개인정보 보호법」을 적용한다.
⑤ 그 밖에 영상정보처리기기의 통합 관제에 필요한 사항은 대통령령으로 정한다.

제21조(비밀누설금지 등) ① 이 법에 따라 학교폭력의 예방 및 대책과 관련된 업무를 수행하거나 수행하였던 사람은 그 직무로 인하여 알게 된 비밀 또는 가해학생·피해학생 및 제20조에 따른 신고자·고발자와 관련된 자료를 누설하여서는 아니 된다.
② 제1항에 따른 비밀의 구체적인 범위는 대통령령으로 정한다.
③ 제16조, 제16조의2, 제17조, 제17조의2, 제18조에 따른 심의위원회의 회의는 공개하지 아니한다. 다만, 피해학생·가해학생 또는 그 보호자가 회의록의 열람·복사 등 회의록 공개를 신청한 때에는 학생과 그 가족의 성명, 주민등록번호 및 주소, 위원의 성명 등 개인정보에 관한 사항을 제외하고 공개하여야 한다.

제21조의2(「지방교육자치에 관한 법률」에 관한 특례) 교육장은 「지방교육자치에 관한 법률」 제35조에도 불구하고 이 법에 따른 고등학교에서의 학교폭력 피해학생 보호, 가해학생 선도·교육 및 피해학생과 가해학생 간의 분쟁조정 등에 관한 사무를 위임받아 수행할 수 있다.

제22조(벌칙) 제21조제1항을 위반한 자는 1년 이하의 징역 또는 1천만원 이하의 벌금에 처한다.

제23조(과태료) ① 제17조제9항에 따른 심의위원회의 교육 이수 조치를 따르지 아니한 보호자에게는 300만원 이하의 과태료를 부과한다.
② 제1항에 따른 과태료는 대통령령으로 정하는 바에 따라 교육감이 부과·징수한다.

제2장 학교폭력예방 및 대책에 관한 법률과 시행령

학교폭력예방 및 대책에 관한 법률 시행령
(대통령령 제32018호)

제1조(목적) 이 영은 「학교폭력예방 및 대책에 관한 법률」에서 위임된 사항과 그 시행에 필요한 사항을 규정함을 목적으로 한다.

제2조(성과 평가 및 공표) 「학교폭력예방 및 대책에 관한 법률」(이하 "법"이라 한다) 제6조제3항에 따른 학교폭력 예방 및 대책에 대한 성과는 「초·중등교육법」 제9조제2항에 따른 지방교육행정기관에 대한 평가에 포함하여 평가하고, 이를 공표하여야 한다.

제3조(학교폭력대책위원회의 운영) ① 법 제7조에 따른 학교폭력대책위원회(이하 "대책위원회"라 한다)의 위원장은 회의를 소집하고, 그 의장이 된다.
② 대책위원회의 회의는 반기별로 1회 소집한다. 다만, 재적위원 3분의 1 이상이 요구하거나 위원장이 필요하다고 인정하는 경우에는 수시로 소집할 수 있다.
③ 대책위원회의 위원장이 회의를 소집할 때에는 회의 개최 5일 전까지 회의 일시·장소 및 안건을 각 위원에게 알려야 한다. 다만, 긴급히 소집하여야 할 때에는 그러하지 아니하다.
④ 대책위원회의 회의는 재적위원 과반수의 출석으로 개의(開議)하고, 출석위원 과반수의 찬성으로 의결한다.
⑤ 대책위원회의 위원장은 필요하다고 인정할 때에는 학교폭력 예방 및 대책과 관련하여 전문가 등을 회의에 출석하여 발언하게 할 수 있다.
⑥ 회의에 출석한 위원과 전문가 등에게는 예산의 범위에서 수당과 여비를 지급할 수 있다. 다만, 공무원인 위원이 그 소관 업무와 직접적으로 관련하여 회의에 출석하는 경우에는 그러하지 아니하다.

제3조의2(대책위원회 위원의 해촉) 대통령은 법 제8조제3항제2호부터 제8호까지의 규정에 따른 대책위원회의 위원이 다음 각 호의 어느 하나에 해당하는 경우에는 해당 위원을 해촉(解囑)할 수 있다.
1. 심신장애로 인하여 직무를 수행할 수 없게 된 경우
2. 직무와 관련된 비위사실이 있는 경우
3. 직무태만, 품위손상이나 그 밖의 사유로 인하여 위원으로 적합하지 아니하다고 인정되는 경우
4. 위원 스스로 직무를 수행하는 것이 곤란하다고 의사를 밝히는 경우

제4조(학교폭력대책실무위원회의 구성·운영) ① 법 제8조제6항에 따른 학교폭력대책실무위원회(이하 "실무위원회"라 한다)는 위원장(이하 "실무위원장"이라 한다) 1명을 포함한 12명 이내의 위원으로 구성한다.
② 실무위원장은 교육부차관이 되고, 위원은 기획재정부, 교육부, 과학기술정보통신부, 법무부, 행정안전부, 문화체육관광부, 보건복지부, 여성가족부, 국무조정실 및 방송통신위원회의 고위공무원단에 속하는 공무원과 경찰청의 치안감 또는 경무관 중에서 소속 기관의 장이 지명하는 사람 각 1명이 된다.
③ 제2항에 따라 실무위원회의 위원을 지명한 자는 해당 위원이 제3조의2 각 호의 어느 하나에 해당하는 경우에는 그 지명을 철회할 수 있다.
④ 실무위원회의 사무를 처리하기 위하여 간사 1명을 두며, 간사는 교육부 소속 공무원 중에서 실무위원장이 지명하는 사람으로 한다.
⑤ 실무위원장이 부득이한 사유로 직무를 수행할 수 없을 때에는 실무위원장이 미리 지명하는 위원이 그 직무를 대행한다.
⑥ 회의는 대책위원회 개최 전 또는 실무위원장이 필요하다고 인정할 때 소집한다.
⑦ 실무위원회는 대책위원회의 회의에 부칠 안건 검토와 심의 지원 및 그 밖의 업무수행을 위하여 필요한 경우에는 이해관계인 또는 관련 전문가를 출석하게 하여 의견을 듣거나 의견 제출을 요청할 수 있다.
⑧ 실무위원장은 회의를 소집할 때에는 회의 개최 7일 전까지 회의 일시·장소 및 안건을 각 위원에게 알려야 한다. 다만, 긴급히 소집하여야 할 때에는 그러하지 아니하다.

제5조(학교폭력대책지역위원회의 구성·운영) ① 법 제9조제1항에 따른 학교폭력대책지역위원회(이하 "지역위원회"라 한다)의 위원장은특별시·광역시·특별자치시·도·특별자치도(이하 "시·도"라 한다)의 부단체장(특별시의 경우에는 행정(1)부시장, 광역시 및 도의 경우에는 행정부시장 및 행정부지사를 말한다)으로 한다.
② 지역위원회의 위원장은 회의를 소집하고, 그 의장이 된다.
③ 지역위원회의 위원장이 부득이한 사유로 직무를 수행할 수 없을 때에는 지역위원회 위원장이 미리 지명하는 위원이 그 직무를 대행한다.
④ 지역위원회의 위원은 학식과 경험이 풍부하고 청소년보호에 투철한 사명감이 있는 사람으로서 다음 각 호의 어느 하나에 해당하는 사람 중에서 특별시장·광역시장·특별자치시장·도지사·특별자치도지사(이하 "시·도지사"라 한다)가 교육감과 협의하여 임명하거나 위촉한다.
1. 해당 시·도의 청소년보호 업무 담당 국장 및 시·도교육청 생활지도 담당 국장
2. 해당 시·도의회 의원 또는 교육위원회 위원
3. 해당 시·도경찰청 소속 경찰공무원
4. 학생생활지도 경력이 5년 이상인 교원
5. 판사·검사·변호사
6. 「고등교육법」 제2조에 따른 학교의 조교수 이상 또는 청소년 관련 연구기관에서 이에 상당하는 직위에 재직하고 있거나 재직하였던 사람으로서 학교폭력 문제에 대한 전문지식이 있는 사람
7. 청소년 선도 및 보호 단체에서 청소년보호활동을 5년 이상 전문적으로 담당한 사람
8. 「초·중등교육법」 제31조제1항에 따른 학교운영위원회(이하 "학교운영위원회"라 한다)의 위원 또는 법 제12조제1항에 따른 학교폭력대책심의위원회(이하 "심의위원회"라 한다) 위원으로 활동하고 있거나 활동한 경험이 있는 학부모
9. 그 밖에 학교폭력 예방 및 청소년 보호에 대한 지식과 경험이 있는 사람
⑤ 지역위원회 위원의 임기는 2년으로 한다. 다만, 지역위원회 위원의 사임 등으로 새로 위촉되는 위원의 임기는 전임위원 임기의 남은 기간으로 한다.

⑥ 시·도지사는 제4항제2호부터 제9호까지의 규정에 따른 지역위원회의 위원이 제3조의2 각 호의 어느 하나에 해당하는 경우에는 해당 위원을 해임하거나 해촉할 수 있다.
⑦ 지역위원회의 사무를 처리하기 위하여 간사 1명을 두며, 지역위원회의 위원장과 교육감이 시·도 또는 시·도교육청 소속 공무원 중에서 협의하여 정하는 사람으로 한다.
⑧ 지역위원회 회의의 운영에 관하여는 제3조제2항부터 제6항까지의 규정을 준용한다. 이 경우 "대책위원회"는 "지역위원회"로 본다.

제6조(학교폭력대책지역실무위원회의 구성·운영) 법 제9조제2항에 따른 실무위원회는 7명 이내의 학교폭력 예방 및 대책에 관한 실무자 및 민간 전문가로 구성한다.

제7조(학교폭력대책지역협의회의 구성·운영) ① 법 제10조의2에 따른 학교폭력대책지역협의회(이하 "지역협의회"라 한다)의 위원장은 시·군·구의 부단체장이 된다.
② 지역협의회의 위원장은 회의를 소집하고, 그 의장이 된다.
③ 지역협의회의 위원장이 부득이한 사유로 직무를 수행할 수 없을 때에는 위원장이 미리 지정하는 위원이 그 직무를 대행한다.
④ 지역협의회의 위원은 학식과 경험이 풍부하고 청소년보호에 투철한 사명감이 있는 사람으로서 다음 각 호의 어느 하나에 해당하는 사람 중에서 시장·군수·구청장이 해당 교육지원청의 교육장과 협의하여 임명하거나 위촉한다.
1. 해당 시·군·구의 청소년보호 업무 담당 국장(국장이 없는 시·군·구는 과장을 말한다) 및 교육지원청의 생활지도 담당 국장(국장이 없는 교육지원청은 과장을 말한다)
2. 해당 시·군·구의회 의원
3. 해당 시·군·구를 관할하는 경찰서 소속 경찰공무원
4. 학생생활지도 경력이 5년 이상인 교원
5. 판사·검사·변호사
6. 「고등교육법」 제2조에 따른 학교의 조교수 이상 또는 청소년 관련 연구기관에서 이에 상당하는 직위에 재직하고 있거나 재직하였던 사람으로서 학교폭력 문제에 대하여 전문지식이 있는 사람

7. 청소년 선도 및 보호 단체에서 청소년보호활동을 5년 이상 전문적으로 담당한 사람
8. 학교운영위원회 위원 또는 심의위원회 위원으로 활동하거나 활동한 경험이 있는 학부모
9. 그 밖에 학교폭력 예방 및 청소년보호에 대한 지식과 경험을 가진 사람
⑤ 지역협의회 위원의 임기는 2년으로 한다. 다만, 지역위원회 위원의 사임 등으로 새로 위촉되는 위원의 임기는 전임위원 임기의 남은 기간으로 한다.
⑥ 시장·군수·구청장은 제4항제2호부터 제9호까지의 규정에 따른 지역협의회의 위원이 제3조의2 각 호의 어느 하나에 해당하는 경우에는 해당 위원을 해임하거나 해촉할 수 있다.
⑦ 지역협의회에는 사무를 처리하기 위해 간사 1명을 두며, 간사는 지역협의회의 위원장과 교육장이 시·군·구 또는 교육지원청 소속 공무원 중에서 협의하여 정하는 사람으로 한다.

제8조(전담부서의 구성 등) 법 제11조제1항에 따라 다음 각 호의 업무를 수행하기 위하여 시·도교육청 및 교육지원청에 과·담당관 또는 팀을 둔다.
1. 학교폭력 예방과 근절을 위한 대책의 수립과 추진에 관한 사항
2. 학교폭력 피해학생의 치료 및 가해학생에 대한 조치에 관한 사항
3. 학교폭력 피해학생과 가해학생 간의 관계 회복을 위하여 필요한 조치에 관한 사항
4. 그 밖에 학교폭력의 예방 및 대책과 관련하여 교육감이 정하는 사항

제9조(실태조사) ① 법 제11조제8항에 따라 교육감이 실시하는 학교폭력 실태조사는 교육부장관과 협의하여 다른 교육감과 공동으로 실시할 수 있다.
② 교육감은 학교폭력 실태조사를 교육 관련 연구·조사기관에 위탁할 수 있다.

② 교육감은 제1항제2호에 따른 치유프로그램 운영 업무를 다음 각 호의 어느 하나에 해당하는 기관·단체·시설에 위탁하여 수행하게 할 수 있다.
1. 「청소년복지 지원법」 제31조제1호에 따른 청소년쉼터, 「청소년 보호법」 제35조제1항에 따른 청소년 보호·재활센터 등 청소년을 보호하기 위하여 국가·지방자치단체가 운영하는 시설
2. 「청소년활동진흥법」 제10조에 따른 청소년활동시설
3. 학교폭력의 예방과 피해학생 및 가해학생의 치료·교육을 수행하는 청소년 관련 단체
4. 청소년 정신치료 전문인력이 배치된 병원
5. 학교폭력 피해학생·가해학생 및 학부모를 위한 프로그램을 운영하는 종교기관 등의 기관
6. 그 밖에 교육감이 치유프로그램의 운영에 적합하다고 인정하는 기관
③ 제1항에 따른 전문기관의 설치·운영에 관한 세부사항은 교육감이 정한다.

제11조(학교폭력 조사·상담 업무의 위탁 등) 교육감은 법 제11조의2 제2항에 따라 학교폭력 예방에 관한 사업을 3년 이상 수행한 기관 또는 단체 중에서 학교폭력의 예방 및 사후조치 등을 수행하는 데 적합하다고 인정하는 기관 또는 단체에 법 제11조의2제1항의 업무를 위탁할 수 있다.

제12조(관계 기관과의 협조 사항 등) 법 제11조의3에 따라 학교폭력과 관련한 개인정보 등을 협조를 요청할 때에는 문서로 하여야 한다.

제13조(심의위원회의 설치 및 심의사항) ① 법 제12조제1항 단서에서 "대통령령으로 정하는 사유가 있는 경우"란 학교폭력 피해학생과 가해학생이 각각 다른 교육지원청(교육지원청이 없는 경우 법 제12조제1항에 따라 조례로 정하는 기관으로 한다. 이하 같다) 관할 구역 내의 학교에 재학 중인 경우를 말한다.
② 법 제12조제2항제5호에서 "대통령령으로 정하는 사항"이란 학교폭력의 예방 및 대책과 관련하여 학교의 장이 건의하는 사항을 말한다.

제14조(심의위원회의 구성·운영) ① 심의위원회의 위원은 다음 각 호의 어느 하나에 해당하는 사람 중에서 해당 교육장(교육장이 없는 경우 법 제12조제1항에 따라 조례로 정하는 기관의 장으로 한다. 이하 이 조, 제14조의2제5항, 제20조제1항 전단 및 제22조에서 같다)이 임명하거나 위촉한다.
1. 해당 교육지원청의 생활지도 업무 담당 국장 또는 과장(법 제12조제1항에 따라 조례로 정하는 기관의 경우 해당 기관 소속의 공무원 또는 직원으로 한다)
1의2. 해당 교육지원청의 관할 구역을 관할하는 시·군·구의 청소년보호 업무 담당 국장 또는 과장
2. 교원으로 재직하고 있거나 재직했던 사람으로서 학교폭력 업무 또는 학생생활지도 업무 담당 경력이 2년 이상인 사람
2의2. 「교육공무원법」 제2조제2항에 따른 교육전문직원으로 재직하고 있거나 재직했던 사람
3. 법 제13조제1항에 따른 학부모
4. 판사·검사·변호사
5. 해당 교육지원청의 관할 구역을 관할하는 경찰서 소속 경찰공무원
6. 의사 자격이 있는 사람
6의2. 「고등교육법」 제2조에 따른 학교의 조교수 이상 또는 청소년 관련 연구기관에서 이에 상당하는 직위에 재직하고 있거나 재직했던 사람으로서 학교폭력 문제에 대하여 전문지식이 있는 사람
6의3. 청소년 선도 및 보호 단체에서 청소년보호활동을 2년 이상 전문적으로 담당한 사람
7. 그 밖에 학교폭력 예방 및 청소년보호에 대한 지식과 경험이 풍부한 사람
② 심의위원회의 위원장은 위원 중에서 교육장이 임명하거나 위촉하는 사람이 되며, 위원장이 부득이한 사유로 직무를 수행할 수 없을 때에는 위원장이 미리 지정하는 위원이 그 직무를 대행한다.
③ 심의위원회의 위원의 임기는 2년으로 한다. 다만, 심의위원회 위원의 사임 등으로 새로 위촉되는 위원의 임기는 전임위원 임기의 남은 기간으로 한다.

④ 교육장은 제1항제2호, 제2호의2, 제3호부터 제6호까지, 제6호의2, 제6호의3 및 제7호에 따른 심의위원회의 위원이 제3조의2 각 호의 어느 하나에 해당하는 경우에는 해당 위원을 해임하거나 해촉할 수 있다.
⑤ 심의위원회의 회의는 재적위원 과반수의 출석으로 개의하고, 출석위원 과반수의 찬성으로 의결한다.
⑥ 심의위원회의 위원장은 해당 교육지원청 소속 공무원(법 제12조제1항에 따라 조례로 정하는 기관의 경우 직원을 포함한다) 중에서 심의위원회의 사무를 처리할 간사 1명을 지명한다.
⑦ 심의위원회의 회의에 출석한 위원에게는 예산의 범위에서 수당과 여비를 지급할 수 있다. 다만, 공무원인 위원이 그 소관 업무와 직접적으로 관련하여 회의에 출석한 경우에는 그렇지 않다.
⑧ 심의위원회는 필요하다고 인정할 때에는 학교폭력이 발생한 해당 학교 소속 교원이나 학교폭력 예방 및 대책과 관련된 분야의 전문가 등을 출석하게 하거나 서면 등의 방법으로 의견을 들을 수 있다.
⑨ 제1항부터 제8항까지에서 규정한 사항 외에 심의위원회의 운영 등에 필요한 사항은 교육장이 정한다.

제14조의2(소위원회) ① 심의위원회의 업무를 효율적으로 수행하기 위하여 필요하면 심의위원회에 소위원회를 둘 수 있다.
② 제1항에 따른 소위원회(이하 "소위원회"라 한다)의 위원은 심의위원회의 위원으로 구성한다.
③ 심의위원회는 필요한 경우에는 그 심의 사항을 소위원회에 위임할 수 있으며, 이 경우 소위원회에서 심의·의결된 사항은 심의위원회에서 심의·의결된 것으로 본다.
④ 소위원회는 심의가 끝나면 그 결과를 심의위원회에 보고해야 한다.
⑤ 제1항부터 제4항까지에서 규정한 사항 외에 소위원회의 설치·운영에 필요한 사항은 교육장이 정한다.

제14조의3(학교의 장의 자체해결) 학교의 장은 법 제13조의2제1항에 따라 학교폭력사건을 자체적으로 해결하는 경우 피해학생과 가해학생 간에 학교폭력이 다시 발생하지 않도록 노력해야 하며, 필요한 경우에는 피해학생·가해학생 및 그 보호자 간의 관계 회복을 위한 프로그램을 운영할 수 있다.

제15조(상담실 설치) 법 제14조제1항에 따른 상담실은 다음 각 호의 시설·장비를 갖추어 상담활동이 편리한 장소에 설치하여야 한다.
1. 인터넷 이용시설, 전화 등 상담에 필요한 시설 및 장비
2. 상담을 받는 사람의 사생활 노출 방지를 위한 칸막이 및 방음시설

제16조(전담기구 운영 등) ① 법 제14조제3항에 따른 학교폭력문제를 담당하는 전담기구(이하 "전담기구"라 한다)의 구성원이 되는 학부모는 「초·중등교육법」 제31조에 따른 학교운영위원회에서 추천한 사람 중에서 학교의 장이 위촉한다. 다만, 학교운영위원회가 설치되지 않은 학교의 경우에는 학교의 장이 위촉한다.
② 전담기구는 가해 및 피해 사실 여부에 관하여 확인한 사항을 학교의 장에게 보고해야 한다.
③ 제1항 및 제2항에서 규정한 사항 외에 전담기구의 운영에 필요한 사항은 학교의 장이 정한다.

제17조(학교폭력 예방교육) 학교의 장은 법 제15조제5항에 따라 학생과 교직원 및 학부모에 대한 학교폭력 예방교육을 다음 각 호의 기준에 따라 실시한다.
1. 학기별로 1회 이상 실시하고, 교육 횟수·시간 및 강사 등 세부적인 사항은 학교 여건에 따라 학교의 장이 정한다.
2. 학생에 대한 학교폭력 예방교육은 학급 단위로 실시함을 원칙으로 하되, 학교 여건에 따라 전체 학생을 대상으로 한 장소에서 동시에 실시할 수 있다.
3. 학생과 교직원, 학부모를 따로 교육하는 것을 원칙으로 하되, 내용에 따라 함께 교육할 수 있다.
4. 강의, 토론 및 역할연기 등 다양한 방법으로 하고, 다양한 자료나 프로그램 등을 활용하여야 한다.
5. 교직원에 대한 학교폭력 예방교육은 학교폭력 관련 법령에 대한 내용, 학교폭력 발생 시 대응요령, 학생 대상 학교폭력예방 프로그램 운영 방법 등을 포함하여야 한다.
6. 학부모에 대한 학교폭력 예방교육은 학교폭력 징후 판별, 학교폭력 발생 시 대응요령, 가정에서의 인성교육에 관한 사항을 포함하여야 한다.

제17조의2(가해자와 피해학생 분리 조치의 예외) 법 제16조제1항 각 호 외의 부분 단서에서 "피해학생의 반대의사 등 대통령령으로 정하는 특별한 사정"이란 다음 각 호의 경우를 말한다.
1. 피해학생이 반대의사를 표명하는 경우
2. 가해자(교사를 포함한다. 이하 이 조에서 같다) 또는 피해학생이 「학교안전사고 예방 및 보상에 관한 법률」 제2조제4호에 따른 교육활동 중이 아닌 경우
3. 법 제17조제4항 전단에 따른 조치로 이미 가해자와 피해학생이 분리된 경우

제18조(피해학생의 지원범위 등) ① 법 제16조제6항 단서에 따른 학교안전공제회 또는 시·도교육청이 부담하는 피해학생의 지원범위는 다음 각 호와 같다.
1. 교육감이 정한 전문심리상담기관에서 심리상담 및 조언을 받는 데 드는 비용
2. 교육감이 정한 기관에서 일시보호를 받는 데 드는 비용
3. 「의료법」에 따라 개설된 의료기관, 「지역보건법」에 따라 설치된 보건소·보건의료원 및 보건지소, 「농어촌 등 보건의료를 위한 특별조치법」에 따라 설치된 보건진료소, 「약사법」에 따라 등록된 약국 및 같은 법 제91조에 따라 설립된 한국희귀·필수의약품센터에서 치료 및 치료를 위한 요양을 받거나 의약품을 공급받는 데 드는 비용
② 제1항의 비용을 지원 받으려는 피해학생 및 보호자가 학교안전공제회 또는 시·도교육청에 비용을 청구하는 절차와 학교안전공제회 또는 시·도교육청이 비용을 지급하는 절차는 「학교안전사고 예방 및 보상에 관한 법률」 제41조를 준용한다.
③ 학교안전공제회 또는 시·도교육청이 법 제16조제6항에 따라 가해학생의 보호자에게 상환청구를 하는 범위는 제2항에 따라 피해학생에게 지급하는 모든 비용으로 한다.

제19조(가해학생에 대한 조치별 적용 기준) 법 제17조제1항의 조치별 적용 기준은 다음 각 호의 사항을 고려하여 결정하고, 그 세부적인 기준은 교육부장관이 정하여 고시한다.
1. 가해학생이 행사한 학교폭력의 심각성·지속성·고의성
2. 가해학생의 반성 정도
3. 해당 조치로 인한 가해학생의 선도 가능성
4. 가해학생 및 보호자와 피해학생 및 보호자 간의 화해의 정도
5. 피해학생이 장애학생인지 여부

제20조(가해학생에 대한 전학 조치) ① 교육장은 심의위원회가 법 제17조제1항에 따라 가해학생에 대한 전학 조치를 요청하는 경우에는 그 사실을 해당 학생이 소속된 학교의 장에게 통보해야 한다. 이 경우 해당 통보를 받은 학교의 장은 교육감 또는 교육장에게 해당 학생이 전학할 학교의 배정을 지체 없이 요청해야 한다.
② 교육감 또는 교육장은 가해학생이 전학할 학교를 배정할 때 피해학생의 보호에 충분한 거리 등을 고려하여야 하며, 관할구역 외의 학교를 배정하려는 경우에는 해당 교육감 또는 교육장에게 이를 통보하여야 한다.
③ 제2항에 따른 통보를 받은 교육감 또는 교육장은 해당 가해학생이 전학할 학교를 배정하여야 한다.
④ 교육감 또는 교육장은 제2항과 제3항에 따라 전학 조치된 가해학생과 피해학생이 상급학교에 진학할 때에는 각각 다른 학교를 배정하여야 한다. 이 경우 피해학생이 입학할 학교를 우선적으로 배정한다.

제21조(가해학생에 대한 우선 출석정지 등) ① 법 제17조제4항에 따라 학교의 장이 출석정지 조치를 할 수 있는 경우는 다음 각 호와 같다.
1. 2명 이상의 학생이 고의적·지속적으로 폭력을 행사한 경우
2. 학교폭력을 행사하여 전치 2주 이상의 상해를 입힌 경우
3. 학교폭력에 대한 신고, 진술, 자료제공 등에 대한 보복을 목적으로 폭력을 행사한 경우
4. 학교의 장이 피해학생을 가해학생으로부터 긴급하게 보호할 필요가 있다고 판단하는 경우

제22조(가해학생의 조치 거부·기피에 대한 추가 조치) 심의위원회는 법 제17조제1항제2호부터 제9호까지의 조치를 받은 학생이 해당 조치를 거부하거나 기피하는 경우에는 법 제17조제11항에 따라 교육장으로부터 그 사실을 통보받은 날부터 7일 이내에 추가로 다른 조치를 할 것을 교육장에게 요청할 수 있다.

제23조(퇴학학생의 재입학 등) ① 교육감은 법 제17조제1항제9호에 따라 퇴학 처분을 받은 학생에 대하여 법 제17조제12항에 따라 해당 학생의 선도의 정도, 교육 가능성 등을 종합적으로 고려하여 「초·중등교육법」 제60조의3에 따른 대안학교로의 입학 등 해당 학생의 건전한 성장에 적합한 대책을 마련하여야 한다.
② 제1항에서 규정한 사항 외에 가해학생에 대한 조치 및 재입학 등에 필요한 세부사항은 교육감이 정한다.

제24조 삭제 <2020. 2. 25.>

제25조(분쟁조정의 신청) 피해학생, 가해학생 또는 그 보호자(이하 "분쟁당사자"라 한다) 중 어느 한 쪽은 법 제18조에 따라 해당 분쟁사건에 대한 조정권한이 있는 심의위원회 또는 교육감에게 다음 각 호의 사항을 적은 문서로 분쟁조정을 신청할 수 있다.
1. 분쟁조정 신청인의 성명 및 주소
2. 보호자의 성명 및 주소
3. 분쟁조정 신청의 사유

제26조(심의위원회 위원의 제척·기피 및 회피) ① 심의위원회의 위원은 법 제16조, 제17조 및 제18조에 따라 피해학생과 가해학생에 대한 조치를 요청하는 경우와 분쟁을 조정하는 경우 다음 각 호의 어느 하나에 해당하면 해당 사건에서 제척된다.
1. 위원이나 그 배우자 또는 그 배우자였던 사람이 해당 사건의 피해학생 또는 가해학생의 보호자인 경우 또는 보호자였던 경우
2. 위원이 해당 사건의 피해학생 또는 가해학생과 친족이거나 친족이었던 경우

3. 그 밖에 위원이 해당 사건의 피해학생 또는 가해학생과 친분이 있거나 관련이 있다고 인정하는 경우
② 학교폭력과 관련하여 심의위원회를 개최하는 경우 또는 분쟁이 발생한 경우 심의위원회의 위원에게 공정한 심의를 기대하기 어려운 사정이 있다고 인정할 만한 상당한 사유가 있을 때에는 분쟁당사자는 심의위원회에 그 사실을 서면으로 소명하고 기피신청을 할 수 있다.
③ 심의위원회는 제2항에 따른 기피신청을 받으면 의결로써 해당 위원의 기피 여부를 결정해야 한다. 이 경우 기피신청 대상이 된 위원은 그 의결에 참여하지 못한다.
④ 심의위원회의 위원이 제1항 또는 제2항의 사유에 해당하는 경우에는 스스로 해당 사건을 회피할 수 있다.

제27조(분쟁조정의 개시) ① 심의위원회 또는 교육감은 제25조에 따라 분쟁조정의 신청을 받으면 그 신청을 받은 날부터 5일 이내에 분쟁조정을 시작해야 한다.
② 심의위원회 또는 교육감은 분쟁당사자에게 분쟁조정의 일시 및 장소를 통보해야 한다.
③ 제2항에 따라 통지를 받은 분쟁당사자 중 어느 한 쪽이 불가피한 사유로 출석할 수 없는 경우에는 심의위원회 또는 교육감에게 분쟁조정의 연기를 요청할 수 있다. 이 경우 심의위원회 또는 교육감은 분쟁조정의 기일을 다시 정해야 한다.
④ 심의위원회 또는 교육감은 심의위원회 위원 또는 지역위원회 위원 중에서 분쟁조정 담당자를 지정하거나, 외부 전문기관에 분쟁과 관련한 사항에 대한 자문 등을 할 수 있다.

제28조(분쟁조정의 거부·중지 및 종료) ① 심의위원회 또는 교육감은 다음 각 호의 어느 하나에 해당하는 사유가 발생한 경우에는 분쟁조정의 개시를 거부하거나 분쟁조정을 중지할 수 있다.
1. 분쟁당사자 중 어느 한 쪽이 분쟁조정을 거부한 경우
2. 피해학생 등이 관련된 학교폭력에 대하여 가해학생을 고소·고발하거나 민사상 소송을 제기한 경우
3. 분쟁조정의 신청내용이 거짓임이 명백하거나 정당한 이유가 없다고 인정되는 경우

② 심의위원회 또는 교육감은 다음 각 호의 어느 하나에 해당하는 사유가 발생한 경우에는 분쟁조정을 끝내야 한다.
1. 분쟁당사자 간에 합의가 이루어지거나 심의위원회 또는 교육감이 제시한 조정안을 분쟁당사자가 수락하는 등 분쟁조정이 성립한 경우
2. 분쟁조정 개시일부터 1개월이 지나도록 분쟁조정이 성립하지 아니한 경우
③ 심의위원회 또는 교육감은 제1항에 따라 분쟁조정의 개시를 거부하거나 분쟁조정을 중지한 경우 또는 제2항제2호에 따라 분쟁조정을 끝낸 경우에는 그 사유를 분쟁당사자에게 각각 통보해야 한다.

제29조(분쟁조정의 결과 처리) ① 심의위원회 또는 교육감은 분쟁조정이 성립하면 다음 각 호의 사항을 적은 합의서를 작성하여 분쟁당사자와 피해학생 및 가해학생이 소속된 학교의 장에게 각각 통보해야 한다.
1. 분쟁당사자의 주소와 성명
2. 조정 대상 분쟁의 내용
가. 분쟁의 경위
나. 조정의 쟁점(분쟁당사자의 의견을 포함한다)
3. 조정의 결과
② 제1항에 따른 합의서에는 심의위원회가 조정한 경우에는 분쟁당사자와 조정에 참가한 위원이, 교육감이 조정한 경우에는 분쟁당사자와 교육감이 각각 서명날인해야 한다.
③ 심의위원회의 위원장은 분쟁조정의 결과를 교육감에게 보고해야 한다.

제30조(긴급전화의 설치·운영) 법 제20조의2에 따른 긴급전화는 경찰청장과 시·도경찰청장이 운영하는 학교폭력 관련 기구에 설치한다.

제31조(정보통신망의 이용 등) 법 제20조의4제3항에 따라 국가·지방자치단체 또는 교육감은 정보통신망을 이용한 학교폭력 예방 업무를 다음 각 호의 기관 및 단체에 위탁할 수 있다.
1. 「한국교육학술정보원법」에 따라 설립된 한국교육학술정보원
2. 공공기관의 위탁을 받아 정보통신망을 이용하여 교육사업을 수행한 실적이 있는 기업
3. 학교폭력 예방에 관한 사업을 3년 이상 수행한 기관 또는 단체

제31조의2(학교전담경찰관의 운영) ① 경찰청장은 법 제20조의6제1항에 따라 학교폭력 예방 및 근절을 위해 학교폭력 업무 등을 전담하는 경찰관(이하 "학교전담경찰관"이라 한다)을 둘 경우에는 학생 상담 관련 학위나 자격증 소지 여부, 학생 지도 경력 등 학교폭력 업무 수행에 필요한 전문성을 고려해야 한다.
② 학교전담경찰관은 다음 각 호의 업무를 수행한다.
1. 학교폭력 예방활동
2. 피해학생 보호 및 가해학생 선도
3. 학교폭력 단체에 대한 정보 수집
4. 학교폭력 단체의 결성예방 및 해체
5. 그 밖에 경찰청장이 교육부장관과 협의해 학교폭력 예방 및 근절 등을 위해 필요하다고 인정하는 업무
③ 학교전담경찰관이 소속된 경찰관서의 장과 학교의 장은 학교폭력 예방 및 근절을 위해 상호 협력해야 한다.

제32조(영상정보처리기기의 통합 관제) 법 제20조의7제1항에 따라 영상정보처리기기를 통합하여 관제하려는 국가 및 지방자치단체는 다음 각 호의 절차를 거쳐 관계 전문가와 이해관계인의 의견을 수렴하여야 한다.
1. 「행정절차법」에 따른 행정예고의 실시 또는 의견 청취
2. 학교운영위원회의 심의

제33조(비밀의 범위) 법 제21조제1항에 따른 비밀의 범위는 다음 각 호와 같다.
1. 학교폭력 피해학생과 가해학생 개인 및 가족의 성명, 주민등록번호 및 주소 등 개인정보에 관한 사항
2. 학교폭력 피해학생과 가해학생에 대한 심의·의결과 관련된 개인별 발언 내용
3. 그 밖에 외부로 누설될 경우 분쟁당사자 간에 논란을 일으킬 우려가 있음이 명백한 사항

제33조의2(고유식별정보의 처리) ① 국가·지방자치단체 또는 학교의 장은 다음 각 호의 사무를 수행하기 위하여 불가피한 경우「개인정보 보호법 시행령」제19조에 따른 주민등록번호 또는 외국인등록번호가 포함된 자료를 처리할 수 있다.
1. 법 제20조의5제2항에 따른 학생보호인력의 결격사유 유무 확인에 관한 사무
2. 법 제20조의5제5항에 따른 학생보호인력의 범죄경력조회에 관한 사무
② 법 제20조의5제3항에 따라 학생보호인력의 배치 및 활용 업무를 위탁받은 전문기관 또는 단체는 다음 각 호의 사무를 수행하기 위하여 불가피한 경우「개인정보 보호법 시행령」제19조에 따른 주민등록번호 또는 외국인등록번호가 포함된 자료를 처리할 수 있다.
1. 법 제20조의5제2항에 따른 학생보호인력의 결격사유 유무 확인에 관한 사무
2. 법 제20조의5제6항에 따른 학생보호인력의 범죄경력조회 신청에 관한 사무

|3장| 학교폭력 사건 실제 상담 사례

1. 변기물 먹이기

사건내용: 2022년 9월 말에서 10월 초경, 가해자는 초등학교 6학년 남학생 친구 3명(A, B, C)으로부터 피해학생이 폭력을 당했습니다. 먼저, A는 변기물을 마시지 않으면 구타하겠다고 강요했고, B는 변기물 먹는 장면을 동영상 찍어 다른 반 친구들에게 유포했습니다. C는 가해학생들의 폭력을 거들었습니다. 가해학생들은 변기물 먹이기 2회, 변기물에 세수시키기 1회, 변기물에 손씻기 1회, 딱풀 먹이기 등을 시키며 계속해서 괴롭혔습니다. 동영상이 학교에 돌면서 피해 학생은 "더럽다 옆에 오지 마라"는 소리를 들으며, 비비탄 총으로도 맞았고 "똥도 먹어 보라"는 등 온갖 수모를 겪으면서 통학하고 있었던 것입니다. A와 B는 행위를 인정하나 제대로된 반성은 없고 C는 피해학생이 스스로 한 일이라며 자신의 행위를 부인하고 있습니다.

학교장의 조치: 담임 선생님이 제일 먼저 사실을 알았음에도 아무런 긴급조치가 이루어지지 않았습니다. 피해 학부모에게 사실을 알리지도 않았습니다. 오히려 학원 선생님으로부터 이 사건을 듣고 피해 부모가 알게 되었습니다.

피해학생 보호자 조치: 피해학생이 심각한 트라우마로 등교를 거부하고 있어 피해자 학부모가 가정보육 신청을 낸 상태입니다. 학폭위 열어 달라 요구 중이며 학교 전담기구가 가해학생에 대해서 사실 확인 중입니다.

학폭 심의위의 조치 결정: A는 제1호, 제2호, 제5호, 제7호 결정. B는 제1호, 제2호, 제5호 결정. C는 제1호, 제2호, 제5호, 제7호 결정.

|3장| 학교폭력 사건 실제 상담 사례

2. 여고생들의 교묘한 집단 따돌림

사건내용: 2022년 11월 경 경상북도의 한 실업계 고등학교에 다니는 여고생(가명: 김미나) 1학년 학기 초부터 5명의 가해 학생들로부 꾸준히 왕따와 언어폭력을 당했습니다. 가해사실로는 첫째 가해학생들은 김미나를 쳐다볼 때 계속해서 째려보면서 기분 나쁘다는 표정을 짓습니다. 둘째, 화장실이나 운동장 한 구석에 있을 때는 가해학생들이 몰려와서 욕설을 퍼붓고 갑니다. 셋째, 미나의 소지품이 자꾸 없어지거나 다른 곳에 떨어져 있는 경우가 자주 있습니다. 가해학생이 여러 명이라 복수할 수 있는 방법도 여의치 않고 가해를 했다는 확실한 증거도 없기 때문에 학교나 교육지원청에 신고도 못하고 마음을 졸이고 있는 상황입니다. 자살방법을 검색하다가 우연히 정재준 소장의 학폭연구소를 알게 되어 상담에 이르게 된 경우입니다.

학교에서의 조치: 미나 담임 선생님에게 위 학폭 사건을 상의하였으나 가해학생들이 그런 적이 없다며 펄쩍 뛰는 바람에 피해학생만 고자질 잘하는 이상한 학생이 돼버린 상황입니다. 정재준 소장이 미나 담임 선생님에게 연락하여 피해학생의 피해 내용이 구체적이기 때문에 담임 선생님에 의한 개입이 절실하다는 의견을 전달하였고 개선되지 않으면 직접 교육지원청에 신고한다고 덧붙였습니다.

피해학생 보호자 조치: 피해학생의 보호자도 이 사실을 알게 되었습니다. 미나가 고등학교 진학 이후 친구 사귀기에 스트레스 받는 모습으로 어딘가 불안했다고 하면서 담임 선생님과 상담을 하였고, 담임 선생님은 이 상황이 더 이상 악화되지 않도록 최선을 다하겠다고 약속을 하였습니다.

|3장| 학교폭력 사건 실제 상담 사례

3. 학부모 싸움으로 발전한 학교폭력

사건내용: 2023년 3월경 가해학생 석장호(가명)는 남양주시 소재 중학교 2학년 학생으로서 급우인 피해학생 김민수(가명)를 폭행하여 전치 2주를 요하는 상처를 입힌 바 있습니다. 그 이유는 장호가 민수와 축구 시합을 하는데 민수가 태클을 심하게 하는 등 장호에게 거친 플레이를 일삼자 이를 사과할 것을 요구하는 과정에서 벌어졌습니다. 민수가 운동 경기일 뿐이라며 사과를 거부하자 장호는 민수를 주먹으로 가격하기 시작했고 민수가 잠시 정신을 잃기(기절)도 했습니다. 병원에서는 민수에게 전치 3주를 요하는 진단서를 발급해 주었습니다.

피해학생의 보호자 조치: 이 사실을 안 민수 어머니는 교육지원청에 학폭심의위 개최를 요청하는 한편 경찰에 장호를 상해죄로 고소하였고 민사상 손해배상도 불사할 것이라고 장호 부모에게 알렸습니다. 또한 가해·피해 학생들이 같은 아파트에 살고 있어서 장호 부모를 잘 알고 있는(성명과 직업까지도) 이유로 인터넷 게시판에 피해 사실을 올리면서 가해학생과 그 부모가 누구인지 짐작할 수 있도록 하였습니다.

가해학생 보호자 조치: 장호의 부모는 민수 어머니를 명예훼손죄로 고소할 생각이지만 아직은 고심 중에 있어서 본인의 연구소를 방문하여 상담하였다. 또한 장호에 대한 학폭심의위 결과 제2호(접촉 및 보복금지)와 제3호 처분(교내 봉사)이 나오자 장호 부모는 이를 받아들일 수 없다며 이의신청을 했고, 행정심판에서 뒤집어지지 않으면 행정소송도 불사하겠다고 합니다.

부모 싸움이 된 학폭 사건: 민수의 어머니는 장호 부모가 같은 아파트에서 다른 곳으로 이사하든가 아니면 장호가 전학을 가면 장호에 대한 모든 고소를 취하해 주겠다고 합니다. 현재 이 학교폭력 사건은 부모들의 소송과 중첩되어 진행 중에 있습니다. 각 분야별 변호사도 선임하였으며 이미 복잡하게 얽혀 있는 상황입니다.

제2부 학교폭력 사건 처리절차

➜ 학교폭력이 발생하면 현장에서는 어떻게 처리되고 있는가?

"내 고통이 다른 사람의 웃음이 될 수 있지만, 내 웃음이 다른 사람의 고통이 되어서는 결코 안된다. - 찰리 채플린"

제2부 목차

|1장| 행정적 처리절차
1. 학교에서의 처리절차
2. 교육지원청의 처리절차
3. 학교와 교육지원청의 처리절차
4. 제1호 심의위 결정조치
5. 제2호 심의위 결정조치
6. 제3호 심의위 결정조치
7. 제4호 심의위 결정조치
8. 제5호 심의위 결정조치
9. 제6호 심의위 결정조치
10. 제7호 심의위 결정조치
11. 제8호 심의위 결정조치
12. 제9호 심의위 결정조치
13. 학생생활기록부 학교폭력 기재
14. 심의위원회의 분쟁조정
15. 학교폭력 처분 이의신청(행정심판)
16. 학교폭력 처분 이의신청(행정소송)

|2장| 사법적 처리절차
1. 경찰에서의 처리절차(SPO)
2. 경찰에서의 처리절차(연령)
3. 경찰에서의 처리절차(다양)
4. 검찰에서의 처리절차
5. 법원에서의 처리절차(법원소년부)
6. 법원에서의 처리절차(형사법원)
7. 법원에서의 처리절차(민사법원)

|제2부| 학교폭력 처리절차

제1장 행정적 처리절차

1. 학교에서의 처리절차

정재준
학교폭력전문TV

학교폭력 학교에서의 처리절차

학교폭력 학교에서의 처리절차

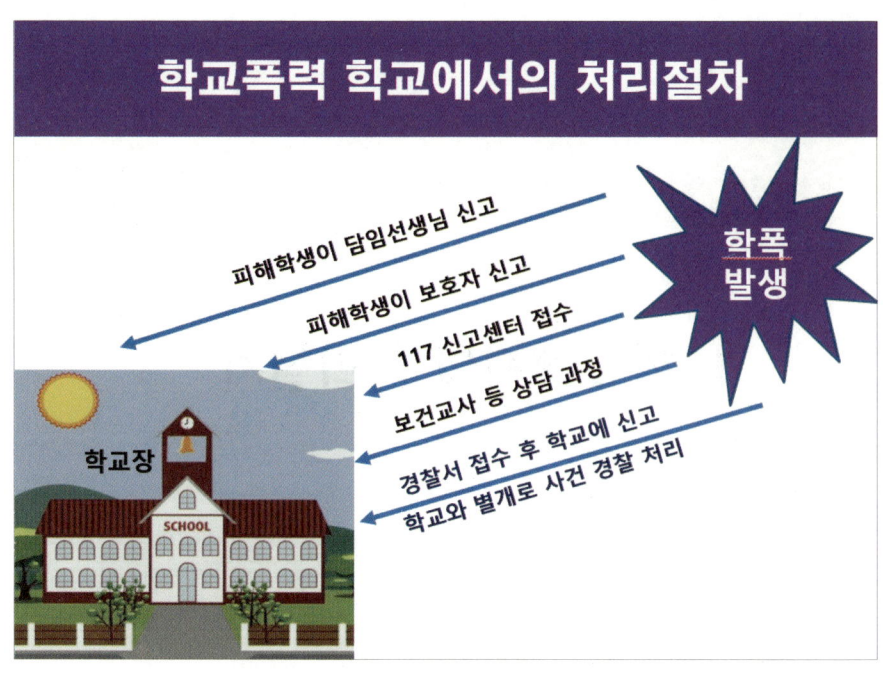

학교폭력 학교에서의 처리절차

접수내용	관련 기관	전화번호
학교폭력 상담	학교폭력 연루 학교	각급 학교 대표전화
학교폭력 예방교육 및 전화·문자 상담	교육부	117
학교폭력 예방교육 및 전화·문자 상담	여성가족부	117
학교폭력 발생 신고	경찰청	117
학교폭력 전화상담, 인터넷 상담, 개인 및 집단상담	푸른나무재단 (청소년폭력예방재단)	1588-9128
성폭력·성착취·디지털성범죄 피해상담	탁틴내일 (아동·청소년성폭력상담소)	02-3141-6191

가해자와 피해학생 분리의사 확인서

• 사안번호: (   )학교 2022-(   )호

「학교폭력예방 및 대책에 관한 법률」제16조제1항에 따른
가해자에 대한 분리를 **(희망, 반대)**합니다.

2022 년   월   일

피해학생: (서명 또는 인)

OO학교장 귀중

학교폭력 사안접수 보고서

• 사안번호: (   )학교 2022-(   )호

학교명		교감	성명		담당자 (책임교사)	성명	
			휴대전화			휴대전화	

접수 일시	년 월 일 (오전 / 오후) 시 분

신고자 (성명, 신분)	• 신고자가 익명을 희망할 경우 익명으로 처리	접수·인지 경로	• 피해자 직접신고 • 담임, 보호자 신고 • 주변 학생 신고

가해자와 피해학생 분리	분리 시행	분리 예외(사유)
	• 「학교폭력예방법」 제16조제1항 따라 가해자와 즉시분리함	• 피해학생 반대의사 표명 • 교육활동 중이 아님 • 가해학생과 피해학생이 분리됨

신고·인지 내용	육하원칙에 의거 접수한 내용을 간략히 기재

관련학생	성명	학교명	성별	학번	보호자 통보 여부	비고 (가해(관련) / 피해(관련) / 장애학생 / 다문화학생)

기타 사항	(고소, 소송 여부 등) • 성관련 사안의 경우 반드시 수사기관(112, 또는 117) 신고(신고 일시 기재)

타학교 관련 여부	관련학교	• 신고 접수 시 타학교 관련성이 확인되지 않은 경우에는 공란으로 처리
	통보 여부	(통보 일시, 방법) (통보 받은 사람) (연락처)

[참고] 학교폭력 접수 사안을 학교장 및 교육청(교육지원청)에 보고 (48시간 이내 보고)

학교폭력 학교에서의 처리절차

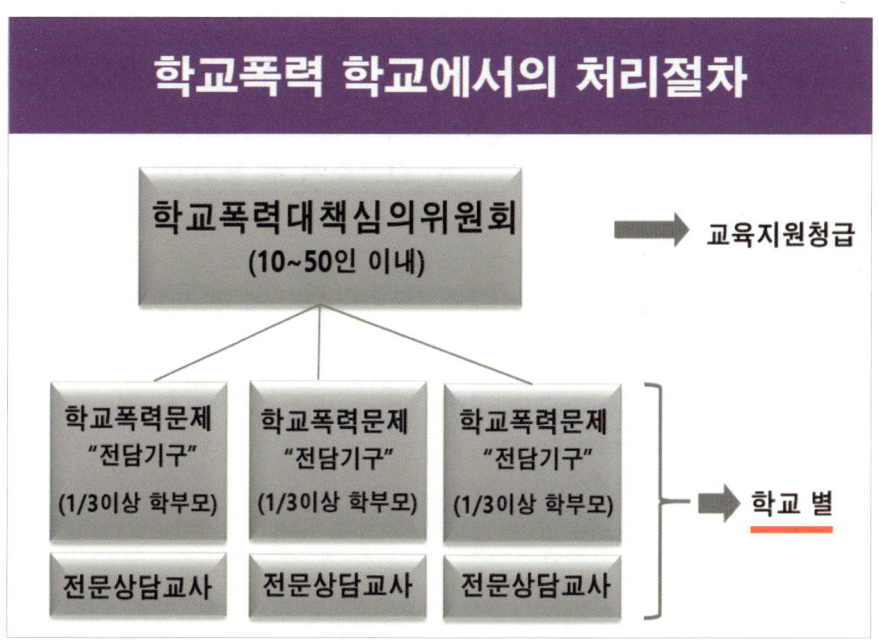

학교폭력 학교에서의 처리절차

전담기구
교감선생님
전문상담교사
보건교사
책임교사
학부모 등

① 긴급조치 후 보고
② 가해 및 피해 사실 확인
③ 자체해결 후 보고
④ 심의위원회 개최 요구

교육지원청

학교폭력 학교에서의 처리절차

학교장

① 긴급조치 후 보고

피해학생에 대한 긴급조치	1. 학내외 전문가에 의한 심리상담 및 조언 2. 일시보호 3. 그 밖에 피해학생의 보호를 위해서 필요한 조치
가해학생에 대한 긴급조치	1. 피해학생에 대한 서면사과 2. 피해학생 및 신고·고발 학생에 대한 접촉, 협박 및 보복행위의 금지 3. 학교에서의 봉사 4. 학내외 전문가에 의한 특별 교육이수 또는 심리치료 5. 출석정지

학생 확인서

· 사안번호: ( )학교 2022-( )호

성명		학년/반	/	성별	남/여
연락처	학생		보호자		
사안 내용	관련학생				
		※ 피해 받은 사실, 가해한 사실, 목격한 사실 등을 육하원칙에 의거하여 상세히 기재하세요. (필요한 경우 별지 사용)			

필요한 도움	
작성일	20 년 월 일	작성 학생	(서명)

보호자 확인서

• 사안번호: (　　)학교 2022-(　　)호

1. 본 확인서는 학교폭력 사안 조사를 위한 것입니다.
2. 자녀와 상대방 학생에 관련된 객관적인 정보를 제공해 주셔야 합니다.
3. 사안 해결을 위해 학교는 객관적이고 적극적인 자세로 임할 것입니다.

학생 성명		학년 / 반	/	성별	남 / 여
사안 인지 경위					
현재 자녀의 상태		신체적 - 정신적 -			
자녀 관련 정보	교우 관계	(친한 친구가 누구이며, 최근의 관계는 어떠한지 등)			
	학교폭력 경험 유무 및 내용	(실제로 밝혀진 것 외에도 의심되는 사안에 대해서도)			
	자녀 확인 내용	(사안에 대해 자녀가 보호자에게 말한 것)			
현재까지의 보호자 조치		(병원 진료, 화해 시도, 자녀 대화 등)			
사안 해결을 위한 관련 정보 제공		(특이점, 성격 등)			
현재 보호자의 심정		(어려운 점 등)			
본 사안 해결을 위한 보호자 의견, 바라는 점		(보호자가 파악한 자녀의 요구사항 등)			
작성일	20　년　월　일	작성자			(서명)

(피해·가해학생) 긴급조치 보고서

• 사안번호: (　　)학교 2022-(　　)호

대상학생		학년 / 반		성명	
사안 개요 (조치원인)		※ 접수한 사안 내용을 육하원칙에 의거 간략히 기재			
조치 내용	피해학생	조치 사항			
		법적 근거	『학교폭력 예방 및 대책에 관한 법률』제16조제1항		
	가해학생	조치 사항			
		법적 근거	『학교폭력 예방 및 대책에 관한 법률』제17조제4항		
조치일자		년　월　일			
긴급 조치의 필요성					
관련학생 또는 보호자 의견청취 여부		① 의견청취 완료 (일시: _____ , 방법: _____) ② 의견을 들으려 하였으나 이에 따르지 않음 ※ 출석정지 조치를 하고자 할 경우 의견청취는 필수 절차임			
관련학생 및 보호자 통지	통지일자				
	통지방법				

작성자:
확인자: 학교장

학교폭력 학교에서의 처리절차

② 가해 및 피해 사실 확인

* 전담기구 소속 교원이 조사
→ 다른 선생님도 협조 받아 확인서 등 조사 가능

* 전담기구 책임교사는 <사안조사 보고서> 작성

* 관련 학생 보호자에게 이후 절차 안내

* 가해자, 피해자 단정 불가

학교폭력 사안조사 보고서

* 사안번호: ( )학교 2022-( )호

접수 일자	년 월 일	담당자 성명 & 연락처				
사안 유형	유형: 신체폭력/ 언어폭력/ 금품갈취/ 강요/ 따돌림/ 성폭력/ 사이버폭력/ 기타(중요도 순서로 기재)					
관련 학생	학교	학년/반	성 명	성 별	(공동사안인 경우) 관련학교의 사안 번호	비고 (가해(관련)/ 피해(관련))
		/				
		/				
사안 개요 (참석안내서 사안 개요)	※ 신고내용과 관련하여 전담기구에서 확인한 내용을 육하원칙에 의거 구체적으로 기재 (피해(관련)학생의 신고내용이 누락되지 않도록 주의)					

사안 경위		※ 사안의 전후, 사안 접수, 전담기구 조사, 양측의 주장을 포함한 전체 사건 내용, 전담기구 심의 등을 시간의 흐름에 맞춰 구체적으로 기재	
자체해결 요건 충족 여부	객관적 요건(4가지) 충족 여부(O/X)		피해학생 및 그 보호자 자체해결 동의 여부 (O/X)
	※ 4가지 요건 : ▲ 진단서 미제출함 ▲ 재산상 피해가 없거나 즉각 복구함 ▲ 지속적이지 않음 ▲ 보복행위가 아님		

쟁점 사안	주요 쟁점 1.	※ 기타 쟁점 사안이 있는 경우 추가 작성	근거자료 ※ 작성날짜 포함
	피해(관련)학생의 주장 내용	•	
	가해(관련)학생의 주장 내용	•	
	목격학생의 진술	•	
	주요 쟁점 2.	※ 위와 동일	근거자료 ※ 작성날짜 포함
	…	…	…
시행령 제19조 판단요소 관련 확인 사실 기재 ※ 학교는 작성 시 참고사항에 따라 각 판단요소별 구체적으로 사실을 기재(점수를 기재하는 것이 아님)			
가해학생이 행사한 학교폭력의 심각성·지속성·고의성	•		
가해학생의 반성 정도	•		
가해학생 및 보호자와 피해학생 및 보호자간 화해 정도	• 관계회복 프로그램·갈등조정 등을 진행하였는지, 진행할 의사가 있는지		
해당 조치로 인한 가해학생의 선도 가능성			
피해학생이 장애학생인지 여부			
가해자와 피해학생의 분리 여부	※ 학교폭력예방법 제16조(피해학생 보호) 21.6.23 시행 이후 작성		

긴급조치 여부	피해학생	
	가해학생	
가해학생 학교폭력 재발 현황	※ 학교폭력 가해학생 조치사항 관리대장을 통해 확인될 수 있는 가해학생의 학교폭력 횟수 기재	
특이사항 및 고려사항	※ 성 관련 사안 여부, 치료비 분쟁, 피해학생이 다문화학생인지 여부, 관련 학생 및 그 보호자의 요구사항, 언론보도 등 특이사항 기재	

기타 사항(학교 의견 등)
• (자유롭게 기술, 없으면 공백)

[참고] 1. 『학교폭력 예방 및 대책에 관한 법률』 제14조 제3항에 의거 전담기구에서는 학교폭력에 관련된 조사결과 등 활동결과를 보고하여야 함
※ 학교장 자체해결이 되지 않은 경우, 학교장 결재 후 심의위원회 보고
2. 시행령 제19조 판단요소 확인 시 참고 사항

학교폭력 사안조사 시 판단사항	작성 시 참고 사항
1. 심각성 판단 요소	성폭력인지 여부, 폭행·상해의 정도, 진단서 제출 여부, 집단폭력인지, 피해학생의 수, 위험한 물건을 사용했는지, 폭력이 발생한 장소 및 시간 등
2. 지속성 판단 요소	전담기구 심의결과, 해당 학교폭력이 지속된 기간 및 횟수
3. 고의성 판단 요소	이전에 피해학생과 마찰이 있었는지, 비슷한 행동을 행사한 적이 있는지, 폭력이 발생한 장소에 모이게 된 이유, 만류가 있음에도 행사한 것인지, 교사의 지도가 있음에도 그렇게 행동했는지, 비난받을 행동임을 알고 있는지 등
4. 반성 정도 판단 요소	전담기구 조사 협조 여부, 사안접수 이후의 태도 변화, 확인된 내용을 인정하는 등
5. 화해 정도 판단 요소	고소·고발 여부, 화해가 되었는지, 합의서가 제출되었는지, 화해의 노력을 하고 있는지, 학생 및 보호자에게 갈등조정 등에 대한 의지가 있는지 등
6. 가해학생의 선도 가능성 판단 요소	가해학생이 이전에 학교폭력으로 조치를 받은 적이 있는지, 평소의 생활 태도, 사안접수 이후의 태도 변화, 해당조치로 가해학생 선도와 피해학생 보호가 충분한지 등
7. 피해학생이 장애학생인지 여부	장애유형(영역) 및 정도 등

학교폭력 전담기구 심의결과 보고서

• 사안번호 : (   )학교 2022-(   )호

1. 일 시 :   년   월   일(요일)   시   분
2. 장 소 :
3. 참석자 :   ○○○   ○○○   ○○○
              ○○○   ○○○   ○○○   ○○○

4. 심의 주제 : 사안번호 2000-00호 (   )에 대한 학교장 자체해결 여부 심의

5. 심의 내용
※ 전담기구 사안 조사 내용
•
•
•

※ 필수 확인 사항
 • 법률 제13조의 2 제1항 제1호~제4호 판단하여 해당 여부 체크

학교장 자체해결 가능요건	해당 여부 (O, X)
1. 2주 이상의 신체적·정신적 치료를 요하는 진단서를 발급받지 않은 경우	
2. 재산상 피해가 없거나 즉각 복구된 경우(추후 재산상 피해를 복구해 줄 것을 확인한 경우)	
3. 학교폭력이 지속적이지 않은 경우	
4. 학교폭력에 대한 신고, 진술, 자료제공 등에 대한 보복행위가 아닌 경우	

6. 결정 사항
•
•

학교폭력 학교에서의 처리절차

③ 자체해결 후 보고
신고접수 후 14일 이내

전제: 피해학생 및 그 보호자가 심의위원회 개최 불원

1. **2주 이상의** 신체적·정신적 치료가 필요한 진단서를 발급받지 않은 경우
2. 재산상 피해가 없거나 즉각 복구된 경우
3. 학교폭력이 지속적이지 않은 경우
4. 학교폭력에 대한 신고, 진술, 자료제공 등에 대한 **보복행위가 아닌 경우**

[모든 조건 만족시]

학교장 자체해결 동의서
(학교폭력대책 심의위원회 개최 요구 의사 확인서)

• 사안번호: ( )학교 2022-( )호

	소속학교	학년/반	학생성명	보호자성명
피해학생				
가해학생				

사안 조사 내용	사안 내용을 사안조사 보고서를 참고하여 구체적으로 기록 (발생 일시, 사안 내용 등)

위 사안 조사 내용을 확인하였으며, 이 사안에 대해서 학교폭력대책심의위원회를 개최하지 않고 학교장 자체해결에 동의합니다.

20 년 월 일

피해학생: (인)
피해학생 보호자: (인)

OO학교장 귀중

학교장 자체해결 동의서
(학교폭력대책 심의위원회 개최 요구 의사 확인서)

• 사안번호: (　　)학교 2022-(　)호

피해학생	소속학교	학년/반	학생성명	보호자성명
가해학생	소속학교	학년/반	학생성명	보호자성명
사안 조사 내용	사안 내용을 사안조사 보고서를 참고하여 구체적으로 기록 (발생 일시, 사안 내용 등)			

위 사안 조사 내용을 확인하였으며, 이 사안에 대해서 학교폭력대책심의위원회를 개최하지 않고 학교장 자체해결에 동의합니다.

20 년   월   일

피해학생:　　　　(인)
피해학생 보호자:　　　　(인)

○○학교장 귀중

학교장 자체해결 결과 보고서

• 사안번호: (　　)학교 2022-(　)호

피해학생	소속학교	학년/반	학생성명	보호자성명
가해학생	소속학교	학년/반	학생성명	보호자성명
사안 조사 내용	사안 내용을 사안조사 보고서를 참고하여 구체적으로 기록 (발생 일시, 사안 내용 등)			
학교장 자체해결 결과	학교폭력 전담기구 심의결과 및 피해학생과 가해학생 사이에 합의된 결과를 기록 (예 : 객관적 요건(4가지) 충족 여부, 피해학생 및 그 보호자의 동의 여부, 양자 간에 화해, 가해학생의 사과와 피해학생의 용서, 관계회복 프로그램 적용 동의 내용)			

학교장 자체해결 결과를 보고합니다.

2000.00.00

○○학교장

학교폭력 학교에서의 처리절차

 ④ 심의위원회 개최 요구
신고접수 후 21일 이내
교육지원청

심의위원회의 회의 소집 요건

1. 심의위원회 재적위원 4분의 1 이상이 요청하는 경우
2. 학교의 장이 요청하는 경우
3. 피해학생 또는 그 보호자가 요청하는 경우
4. 학교폭력이 발생한 사실을 신고 받거나 보고받은 경우
5. 가해학생이 협박 또는 보복한 사실을 신고 받거나 보고받은 경우
6. 그 밖에 위원장이 필요하다고 인정하는 경우
[어느 하나 만족시]

학교폭력대책심의위원회 개최 요구 공문

○○중학교

수신 ○○교육지원청(○○교육지원과)
(경유)
제목 ○○교육지원청 학교폭력대책심의위원회 개최 요청

1. 관련
  가. 「학교폭력예방 및 대책에 관한 법률」제13조제2항
  나. ○○○○학교-○○○○(2022.00.00.)호 (※관련 내부공문)

2. ○○교육지원청 학교폭력대책심의위원회 개최를 다음과 같이 요청하오니, 협조하여 주시기 바랍니다.

구분	소속학교	학년반	이름	학교 사안번호	비고
피해학생	○○중학교	3-1	○○○	○○중 2022-1	예시
가해학생	○○중학교	3-1	○○○	○○중 2022-1	예시
가해학생	○○고등학교	1-2	○○○	○○고 2022-2	예시

붙임 1. 피해·가해학생 확인서 ○부.
    2. 보호자 확인서 ○부.
    3. 목격학생 확인서 ○부.
    4. 학교폭력 사안조사 보고서 1부.
    5. 피해·가해학생 긴급조치 보고서 ○부.
    6. 전담기구 심의결과 보고서 ○부.
    7. 피해·가해학생 보호자 개인정보(우편번호, 주소, 보호자명, 학생과의 관계, 휴대폰번호 등)
    8. 기타 심의위원회 심의·의결에 필요한 서류 각 1부. 끝.

학교폭력대책심의위원회 개최 요청서 (보호자)

• 사안번호: (   )학교 2022-(   )호

신청인	소속학교	학년/반	학생성명	보호자성명
	주소			

신청사유	(예시) 1. 해당 학교폭력사건으로 인한 재산상 손해를 가해학생 및 그 보호자가 복구하기로 약속하였으나 이행하지 않은 경우 2. 해당 학교폭력 사건의 조사과정에서 확인되지 않았던 사실이 추가적으로 확인된 경우 동의 사유를 구체적으로 기술

위와 같이 신청합니다.

2000.00.00.

피해학생: (서명 또는 인)

피해학생 보호자: (서명 또는 인)

학교폭력대책심의위원회 개최 요구 취소 요청서 (보호자)

• 사안번호: (   )학교 2022-(   )호

신청인	소속학교	학년/반	학생성명	보호자성명
	주소			

이 사안에 대해서 학교폭력대책심의위원회 개최 요구를 취소하며
학교장 자체해결에 동의합니다.

2000.00.00.

피해학생: (서명 또는 인)

피해학생 보호자: (서명 또는 인)

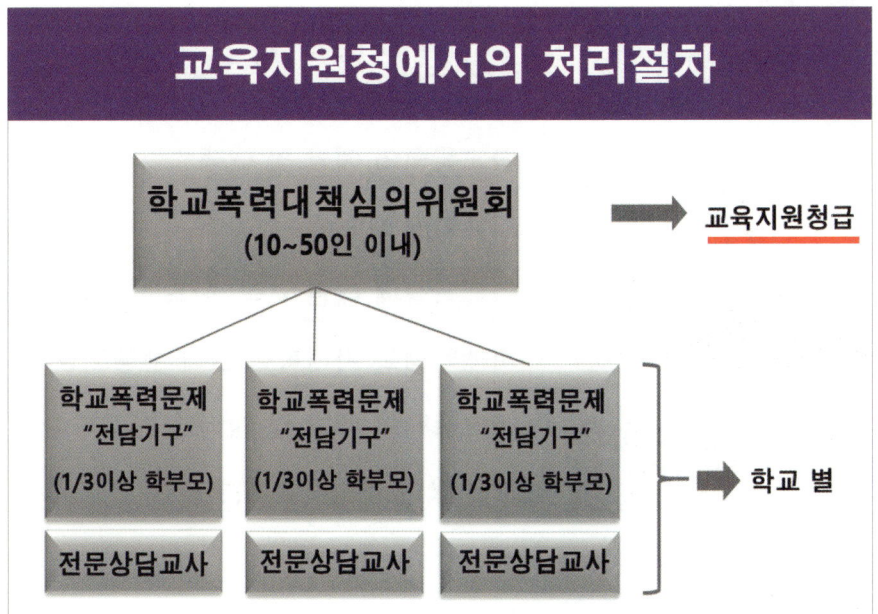

교육지원청에서의 처리절차

심의위원회 구성

해당 교육지원청의 업무담당 국장 또는 과장, 해당 교육지원청의 관할 구역을 관할하는 시·군·구의 청소년보호 업무 담당 국장 또는 과장, 교원으로 재직하거나 재직했던 사람으로서 업무 담당 경력이 2년 이상인 사람, 교육전문직으로 재직하거나 재직했던 사람, 해당 교육지원청 관할 구역 내 학교에 소속된 학생의 학부모, 판사·검사·변호사, 해당 교육지원청의 관할 구역을 관할하는 경찰서 소속 경찰공무원, 의사, 그 밖에 학교폭력 예방 및 청소년 보호에 대한 지식과 경험이 풍부한 사람 중에서 교육장이 임명 또는 위촉한다.

교육지원청에서의 처리절차

위원회 심의사항

1. 학교폭력의 예방 및 대책
2. 피해학생의 보호
3. 가해학생에 대한 교육, 선도 및 징계
4. 피해학생과 가해학생 간의 분쟁조정
5. 학교폭력의 예방 및 대책과 관련하여 학교의 장이 건의하는 사항

교육지원청에서의 처리절차

교육지원청

학교폭력대책심의위원회
(10~50인 이내)

위원회의 피해학생 보호조치

1. 학내외 전문가에 의한 심리상담 및 조언 [2년 이내]
2. 일시보호 [30일]
3. 치료 및 치료를 위한 요양 [2년 이내]
   → 교육청(or공제회) **부담, 상환청구**
4. 학급교체
5. 그 밖에 피해학생의 보호를 위하여 필요한 조치

교육지원청에서의 처리절차

교육지원청

학교폭력대책심의위원회
(10~50인 이내)

위원회의 피해학생 보호조치

[추가적인 보호 및 지원]

- **출석일수 산입**: 조치에 필요한 결석을 학교장이 인정하는 경우 출석으로 산입

- **불이익 금지**: 보호조치를 받는다는 사실 자체가 성적평가 등에서 불이익으로 작용하지 않도록 해야 함

- **결석시 조치**: 보호조치 등으로 피해학생이 결석하게 되는 경우 학교장은 학생의 가정학습에 대한 지원 등 필요한 조치를 해야 함

교육지원청에서의 처리절차

교육지원청

학교폭력대책심의위원회
(10~50인 이내)

위원회의 피해학생 보호조치

[장애학생의 보호 및 지원]
- 세심한 주의: 정식 장애학생이 아닌 장애학생까지도 세심한 주의 대상
- 특수교육 전문가: 사안 조사 및 심의위원회 심의시 특수교육 전문가 참여
- 특수 요양 조치: 심의위원회는 피해 장애학생의 보호를 위하여 특수교육 및 장애인 전문 상담 또는 장애전문 치료기관의 요양 조치를 학교장에게 요청 가능

교육지원청에서의 처리절차

교육지원청[교육장]

학교폭력대책심의위원회
(10~50인 이내)

위원회의 가해학생 조치

제1호 피해학생에 대한 서면사과
제2호 피해학생 및 신고·고발 학생에 대한 접촉, 협박 및 보복행위의 금지
제3호 학교에서의 봉사
제4호 사회봉사
제5호 학내·외 전문가에 의한 특별 교육이수 또는 심리치료
제6호 출석정지
제7호 학급교체
제8호 전학
제9호 퇴학처분

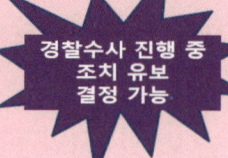

경찰수사 진행 중 조치 유보 결정 가능

교육지원청에서의 처리절차

학교폭력대책 심의위원회의 가해학생 조치

	학교폭력의 심각성	학교폭력의 지속성	학교폭력의 고의성	가해학생의 반성 정도	화해 정도
4점	매우높음	매우높음	매우높음	없음	없음
3점	높음	높음	높음	낮음	낮음
2점	보통	보통	보통	보통	보통
1점	낮음	낮음	낮음	높음	높음
0점	없음	없음	없음	매우높음	매우높음

1점 ~ 20점

교육지원청에서의 처리절차

학교폭력대책 심의위원회의 가해학생 조치

교내 선도			외부기관 연계선도		교육환경변화			
1호	2호	3호	4호	5호	6호	7호	8호	9호
1~3점	위원회 의결	4~6점	7~9점	위원회 의결	10~12점	13~15점	16~20점	16~20점

- 해당조치로 인한 가해학생의 <u>선도가능성</u> 및 피해학생 <u>보호위해</u> 위원회 출석위원 과반수의 찬성으로 가해학생에 대해 가중 또는 감경 가능
- 피해학생이 장애 학생인 경우 가해 학생에 대한 조치 가중으로 가능

교육지원청에서의 처리절차

제1호 피해학생에 대한 서면 사과
제2호 피해학생 및 신고·고발 학생에 대한 접촉, 협박 및 보복 행위의 금지 → 학교장 1,2,3,5,6호 조치 가능(추인)
제3호 학교에서의 봉사
제4호 사회봉사 → 가해학생, 보호자 의견진술 기회
제5호 학내·외 전문가에 의한 특별 교육이수 또는 심리치료 → 5호(특별교육)는 학부모도 이수
제6호 출석정지 → 심의 결의 후 14일 내 By 교육장
제7호 학급교체
제8호 전학 → 가해학생이 이수 거부시 징계
제9호 퇴학처분 → 생활기록부에 기록

가해학생 조치사항 「학교폭력예방 및 대책에 관한 법률」 제17조제1항	학교생활기록부 영역	삭제 시기
제1호(피해학생에 대한 서면사과)	행동특성 및 종합의견	■ 졸업과 동시(졸업식 이후부터 2월 말 사이 졸업생 학적반영 이전) ■ 학업중단자는 해당학생이 학적을 유지하였을 경우를 가정하여 졸업할 시점
제2호(피해학생 및 신고·고발 학생에 대한 접촉, 협박 및 보복행위의 금지)		
제3호(학교에서의 봉사)		
제4호(사회봉사)	출결상황 특기사항	■ 졸업일로부터 2년 후 ■ 졸업 직전 학교폭력 전담기구의 심의를 거쳐 졸업과 동시 삭제 가능 ■ 학업중단자는 해당 학생이 학적을 유지하였을 경우를 가정하여 졸업하였을 시점으로부터 2년 후
제5호(학내외 전문가에 의한 특별교육 이수 또는 심리치료)		
제6호(출석정지)		
제7호(학급교체)	행동특성 및 종합의견	
제8호(전학)	인적·학적사항 특기사항	■ 졸업일로부터 2년 후 ■ 삭제 대상 아님
제9호(퇴학처분)		

※ 2023.2.28. 이전 신고된 학교폭력 사안의 삭제 시기 및 방법은 「2022학년도 학교생활기록부 기재요령」에 따른다.

학교폭력 조치사항 기록 보존기간 변경(안)

6호 출석정지·7호 학급교체	원칙 졸업 후 **2년 보존** → **4년 보존** 예외 졸업 직전 심의* 통해 삭제 가능	*심의 삭제요건 강화: 피해학생 동의서, 가해학생 불복절차 여부 등 필수
8호 전학	졸업 후 예외없이 2년 보존 → **4년 보존**	

조치사항 대입 반영 확대
현행 학생부 종합전형 반영 → 학생부, 수능, 논술, 실기·실력위주 전형에 조치사항 반영 및 자퇴한 가해학생의 '조치사항'도 학생부에 표기

※ 대입반영 시기별
2025학년도: 대학이 자율적으로 반영 2026학년도 이후: 전체 대학 필수 반영

학교폭력 발생시 피해학생 보호체계 강화

가해·피해학생 즉시분리 기간	현행 3일 → **7일 이내로 연장**
학교장 긴급조치	현행 1호 서면사과 2호 접촉·협박·보복 금지 3호 학교봉사 5호 특별 교육이수 또는 심리치료 6호 출석정지(10일 이내) → '심의결정시'까지 **7호 학급교체** → 추가
피해학생에게 가해학생 분리 요청권 부여	6호 출석정지·7호 학급교체

※ 피해학생 요청시 학교장은 학교 전담기구 판단 아래 6·7호 긴급조치 가능

3. 학교와 교육지원청의 처리절차

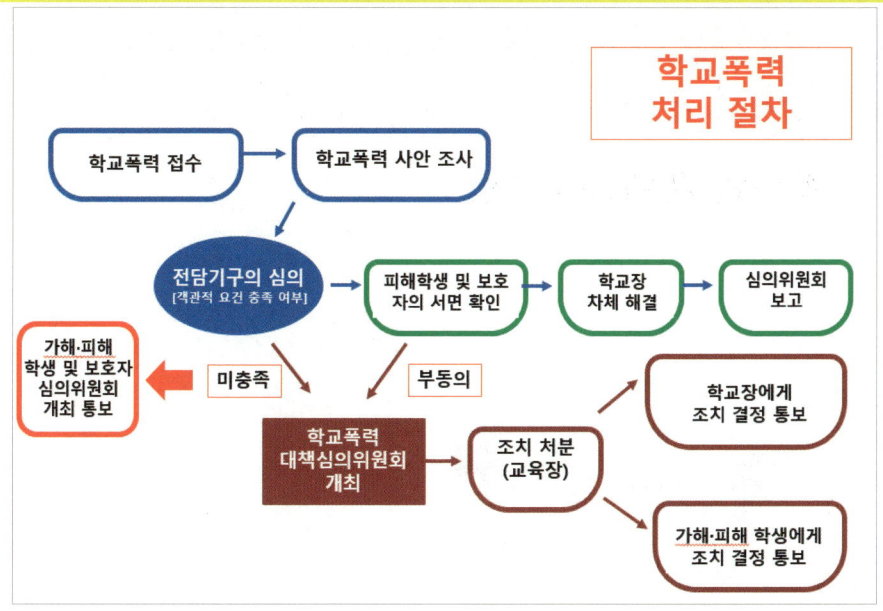

학교폭력 처리 절차

제1장 행정적 처리절차

4. 제1호 심의위원회 결정 조치

정재준
학교폭력전문TV

심의위원회의 가해학생에 대한 조치 [1호]

학폭법 제17조 제1항

1. 피해학생에 대한 서면사과

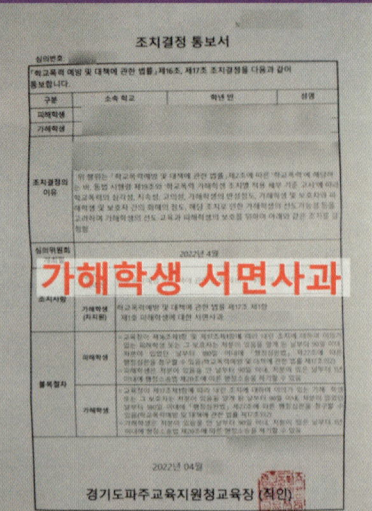

가해학생 서면사과

교육지원청의 학교폭력 처리절차

학교폭력대책 심의위원회의 가해학생 조치

	학교폭력의 심각성	학교폭력의 지속성	학교폭력의 고의성	가해학생의 반성 정도	화해 정도
4점	매우높음	매우높음	매우높음	없음	없음
3점	높음	높음	높음	낮음	낮음
2점	보통	보통	보통	보통	보통
1점	낮음	낮음	낮음	높음	높음
0점	없음	없음	없음	매우높음	매우높음

1점 ~ 20점

교육지원청의 학교폭력 처리절차

학교폭력대책 심의위원회의 가해학생 조치

교내선도			외부기관 연계선도		교육환경변화			
1호	2호	3호	4호	5호	6호	7호	8호	9호
1~3점	위원회 의결	4~6점	7~9점	위원회 의결	10~12점	13~15점	16~20점	16~20점

- 해당조치로 인한 가해학생의 선도가능성 및 피해학생 보호위해 위원회 출석위원 과반수의 찬성으로 가해학생에 대해 가중 또는 감경 가능
- 피해학생이 장애 학생인 경우 가해 학생에 대한 조치 가중으로 가능

위원회의 가해학생에 대한 조치 [1호]

1호 조치 이행 기간

제1호 및 제3호 조치를 결정할 때에는 조치이행기한을 명시하여야 한다.

조치 기간 내 이행할 수 없는 경우에는 학교장은 교육장에게 이행기간 변경을 요구할 수 있다.

위원회의 가해학생에 대한 조치 [1호]

가해학생에 대한 의견진술 기회

심의위원회의 제1항(1호-9호)에 따른 조치를 요청하기 전에 가해학생 및 보호자에게 의견진술의 기회를 부여하는 등 적정한 절차를 거쳐야 한다.

위원회의 가해학생에 대한 조치 [1호]

이행 거부

가해학생이 서면 사과를 이행하지 않아도 이에 따른 징계가 따르지 않는다. 이는 헌법상 양심의 자유에 위배되기 때문이다.

위원회의 가해학생에 대한 조치 [1호]

이행 거부

가해학생이 서면 사과를 이행하지 않아도 이에 따른 징계가 따르지 않는다. 이는 헌법상 양심의 자유에 위배되기 때문이다.

제1장 행정적 처리절차

5. 심의위원회 제2호 조치

정재준
학교폭력전문TV

교육지원청의 학교폭력 처리절차

학교폭력대책 심의위원회의 가해학생 조치

	학교폭력의 심각성	학교폭력의 지속성	학교폭력의 고의성	가해학생의 반성 정도	화해 정도
4점	매우높음	매우높음	매우높음	없음	없음
3점	높음	높음	높음	낮음	낮음
2점	보통	보통	보통	보통	보통
1점	낮음	낮음	낮음	높음	높음
0점	없음	없음	없음	매우높음	매우높음

1점 ~ 20점

교육지원청의 학교폭력 처리절차

학교폭력대책 심의위원회의 가해학생 조치

교내 선도			외부기관 연계선도		교육환경변화			
1호	2호	3호	4호	5호	6호	7호	8호	9호
1~3점	위원회 의결	4~6점	7~9점	위원회 의결	10~12점	13~15점	16~20점	16~20점

▶제17조 ①항의 2호 처분(보복행위 금지)과 5호 처분(특별교육)은 심의위원회 의결에 의해 부과 가능(판정 점수와 무관)

위원회의 가해학생에 대한 조치 [2호]

접촉, 협박, 보복 금지

● 피해학생이나 신고·고발 학생에 대한 가해학생의 접근을 막아 더 이상의 폭력이나 보복을 막기 위한 조치

● 시간적 범위: 심의위원회에서 그 기간을 정하는 것이 바람직하나 정하지 않았다면 '해당 학교급 졸업시점' 까지 유효

● 접촉의 범위: 의도적 접촉을 금지하는 것으로 교육활동, 일상생활 중 의도치 않은 접촉(무의도성)은 허용

위원회의 가해학생에 대한 조치 [2호]

접촉, 협박, 보복 금지

● 피해학생이나 신고·고발 학생에 대한 가해학생의 접근을 막아 더 이상의 폭력이나 보복을 막기 위한 조치

● 시간적 범위: 심의위원회에서 그 기간을 정하는 것이 바람직하나 정하지 않았다면 '해당 학교급 졸업시점' 까지 유효

● 접촉의 범위: 의도적 접촉을 금지하는 것으로 교육활동, 일상생활 중 의도치 않은 접촉(무의도성)은 허용

위원회의 가해학생에 대한 조치 [2호]

접촉, 협박, 보복 금지

● 피해학생이나 신고, 고발 학생에 대한 가해학생의 접근을 막아 더 이상의 폭력이나 보복을 막기 위한 조치

● 시간적 범위: 심의위원회에서 그 기간을 정하는 것이 바람직하나 정하지 않았다면 '해당 학교급 졸업시점' 까지 유효

● 접촉의 범위: 의도적 접촉을 금지하는 것으로 교육활동, 일상생활 중 의도치 않은 접촉(무의도성)은 허용

위원회의 가해학생에 대한 조치 [2호]

학폭법 제17조 제2항

제1항에 따라 심의위원회가 교육장에게 가해학생에 대한 조치를 요청할 때 그 이유가 피해학생이나 신고, 고발 학생에 대한 협박 또는 보복 행위일 경우에는 각 호의 조치를 동시에 부과하거나 조치 내용을 가중할 수 있다.

위원회의 가해학생에 대한 조치 [2호]

특별교육 부가

제2호 조치를 받는 학생은 교육감이 정한 기관에서 특별교육을 이수하거나 심리치료를 받아야 하며, 그 기간은 심의위원회에서 정한다.

위원회의 가해학생에 대한 조치 [2호]

보호자 특별교육 추가

가해학생이 특별교육을 이수할 경우 해당 학생의 보호자도 함께 교육을 받게 하여야 한다.

심의위의 가해학생에 대한 조치 [특별교육]

제2호 접촉, 협박 및 보복행위의 금지
제3호 학교에서의 봉사
제4호 사회봉사
제6호 출석정지
제7호 학급교체
제8호 전학

제17조 ③항: 위 처분 받은 가해학생은 교육감이 정한 기관에서 부가한 특별교육을 이수하거나 심리치료를 받아야 함

심의위의 가해학생에 대한 조치 [특별교육]

제5호 전문가의 **특별교육**, 심리치료

→ 제17조 ①항 제5호는 '<u>조치로서의 특별교육</u>'이라 하며 학교생활기록부의 기재 대상

<mark>부가한 특별교육</mark>

→ 법률 제17조 ③항에 의하여 부가하는 특별교육은 <u>조치로서의 특별교육</u>과 구별하여 '**부가한 특별교육**'이라 하며 학교생활기록부의 기재 대상이 아님

<u>심의위</u>의 가해 보호자에 대한 특별교육

- **참가율 제고**: 야간, 주말 교육 개설 권장
- **장소**: Wee 센터, 학부모지원센터, 청소년꿈키움센터 등
- **내용**: 바람직한 <u>학부모상</u>, 학교폭력의 이해와 공동대처 방안

교육대상처분	이수시간	교육운영	비고
<u>보복행위 금지</u>, 학교봉사	4시간 이내	교육감 지정기관 프로그램 및 개인 상담 이수	보호자, 학생 공동 교육 가능
사회봉사, 특별교육, 출석정지, <u>학급교체</u>, 전학	5시간 이상		

위원회의 가해학생에 대한 조치 [2호]

가해학생에 대한 의견진술 기회

심의위원회의 제1항(1호-9호)에 따른 조치를 요청하기 전에 가해학생 및 보호자에게 의견진술의 기회를 부여하는 등 적정한 절차를 거쳐야 한다.

위원회의 가해학생에 대한 조치 [2호]

생활기록부 명기

학생생활기록부의 "행동특성 및 종합의견"에 제2호 조치에 대한 내용이 기록되며 졸업과 동시에 삭제한다.

위원회의 가해학생에 대한 조치 [2호]

이행 거부시의 조치

2호 처분을 받은 학생이 이행을 거부하거나 회피하는 때에는 초·중등 교육법에 따라 징계하여야 한다. 심의위원회는 대통령령이 정하는 바에 따라 추가로 다른 조치를 할 것을 교육장에게 요청할 수 있다.

가해학생이 조치 미이행시 [징계]

● 가해학생이 법률 제17조 제1항 제2호부터 제9호까지의 처분에 따른 조치를 거부하거나 기피하는 경우 심의위원회는 추가로 다른 조치를 할 것으로 교육장에게 요청할 수 있음

초·중등 교육법 시행령 징계조치(제31조)
- 학교 내의 봉사
- 사회 봉사
- 특별교육 이수
- 출석정지(1회 10일 이내, 연간 30일 이내)
- 퇴학처분

제1장 행정적 처리절차

6. 심의위원회 제3호 조치

정재준
학교폭력전문TV

교육지원청의 학교폭력 처리절차

학교폭력대책 심의위원회의 가해학생 조치

	학교폭력의 심각성	학교폭력의 지속성	학교폭력의 고의성	가해학생의 반성 정도	화해 정도
4점	매우높음	매우높음	매우높음	없음	없음
3점	높음	높음	높음	낮음	낮음
2점	보통	보통	보통	보통	보통
1점	낮음	낮음	낮음	높음	높음
0점	없음	없음	없음	매우높음	매우높음

1점 ~ 20점

교육지원청의 학교폭력 처리절차

학교폭력대책 심의위원회의 가해학생 조치

교내 선도			외부기관 연계선도		교육환경변화			
1호	2호	3호	4호	5호	6호	7호	8호	9호
1~3점	위원회 의결	4~6점	7~9점	위원회 의결	10~12점	13~15점	16~20점	16~20점

- 해당조치로 인한 가해학생의 선도가능성 및 피해학생 보호위해 위원회 출석위원 과반수의 찬성으로 가해학생에 대해 가중 또는 감경 가능
- 피해학생이 장애 학생인 경우 가해 학생에 대한 조치 가중으로 가능

위원회의 가해학생에 대한 조치 [3호]

③ 학교에서 봉사

● 단순 훈육 차원이 아닌 봉사의 진정한 의미(선도적·교육적) 차원에서의 봉사활동 실시

● 가해학생에게 학교 내의 화단 정리, 교실의 교구 정리, 화장실 청소, 장애학생 등교 도우미 등을 주로 실시

● 봉사 시간의 명확화: 봉사 시간을 명확하게 제시하며 지도교사를 다양하게 구성하여 학교 봉사 실시 가능

위원회의 가해학생에 대한 조치 [3호]

학폭법 제17조 제2항

제1항에 따라 심의위원회가 교육장에게 가해학생에 대한 조치를 요청할 때 그 이유가 피해학생이나 신고, 고발 학생에 대한 협박 또는 보복 행위일 경우에는 각 호의 조치를 동시에 부과하거나 조치 내용을 가중할 수 있다.

위원회의 가해학생에 대한 조치 [3호]

조치 이행 기간

제1호 및 제3호 조치를 결정할 때에는 조치이행기한을 명시하여야 한다.

조치 기간 내 이행할 수 없는 경우에는 학교장은 교육장에게 이행기간 변경을 요구할 수 있다.

위원회의 가해학생에 대한 조치 [3호]

특별교육 부가

제3호 조치를 받는 학생은 교육감이 정한 기관에서 **특별교육**을 이수하거나 심리치료를 받아야 하며, 그 기간은 심의위원회에서 정한다.

위원회의 가해학생에 대한 조치 [3호]

보호자 특별교육 추가

가해학생이 특별교육을 이수할 경우 해당 학생의 **보호자도 함께** 교육을 받게 하여야 한다.

심의위의 가해학생에 대한 조치 [특별교육]

제2호 접촉, 협박 및 보복행위의 금지
제3호 학교에서의 봉사
제4호 사회봉사
제6호 출석정지
제7호 학급교체
제8호 전학

제17조 ③항: 위 처분 받은 가해학생은 교육감이 정한 기관에서 부가한 특별교육을 이수하거나 심리치료를 받아야 함

심의위의 가해학생에 대한 조치 [특별교육]

제5호 전문가의 특별교육, 심리치료

→ 제17조 ①항 제5호는 '조치로서의 특별교육'이라 하며 학교생활기록부의 기재 대상

부가한 특별교육

→ 법률 제17조 ③항에 의하여 부가하는 특별교육은 조치로서의 특별교육과 구별하여 '부가한 특별교육'이라 하며 학교생활기록부의 기재 대상이 아님

위원회의 가해학생에 대한 조치 [보호자도]

보호자는 통보 받은 날로부터 3개월 안에 특별교육에 응하셔야 합니다!

심의위의 가해 보호자에 대한 특별교육

- **참가율 제고**: 야간, 주말 교육 개설 권장
- **장소**: Wee 센터, 학부모지원센터, 청소년꿈키움센터 등
- **내용**: 바람직한 학부모상, 학교폭력의 이해와 공동대처 방안

교육대상처분	이수시간	교육운영	비고
보복행위 금지, 학교봉사	4시간 이내	교육감 지정기관 프로그램 및 개인 상담 이수	보호자, 학생 공동 교육 가능
사회봉사, 특별교육, 출석정지, 학급교체, 전학	5시간 이상		

심의위의 가해 보호자에 대한 특별교육

- **참가율 제고**: 야간, 주말 교육 개설 권장
- **장소**: Wee 센터, 학부모지원센터, 청소년꿈키움센터 등
- **내용**: 바람직한 학부모상, 학교폭력의 이해와 공동대처 방안

교육대상처분	이수시간	교육운영	비고
보복행위 금지, 학교봉사	4시간 이내	교육감 지정기관 프로그램 및 개인 상담 이수	보호자, 학생 공동 교육 가능
사회봉사, 특별교육, 출석정지, 학급교체, 전학	5시간 이상		

위원회의 가해학생에 대한 조치 [3호]

가해학생에 대한 의견진술 기회

심의위원회의 제1항(1호-9호)에 따른 조치를 요청하기 전에 가해학생 및 보호자에게 의견진술의 기회를 부여하는 등 적정한 절차를 거쳐야 한다.

위원회의 가해학생에 대한 조치 [3호]

생활기록부 명기

학생생활기록부의 "행동특성 및 종합의견"에 제3호 조치에 대한 내용이 기록되며 졸업과 동시에 삭제한다.

위원회의 가해학생에 대한 조치 [3호]

이행 거부시의 조치

3호 처분을 받은 학생이 이행을 거부하거나 회피하는 때에는 초·중등 교육법에 따라 징계하여야 한다. 심의위원회는 대통령령이 정하는 바에 따라 추가로 다른 조치를 할 것을 교육장에게 요청할 수 있다.

제1장 행정적 처리절차

7. 심의위원회 제4호 조치

정재준
학교폭력전문TV

교육지원청의 학교폭력 처리절차

학교폭력대책 심의위원회의 가해학생 조치

	학교폭력의 심각성	학교폭력의 지속성	학교폭력의 고의성	가해학생의 반성 정도	화해 정도
4점	매우높음	매우높음	매우높음	없음	없음
3점	높음	높음	높음	낮음	낮음
2점	보통	보통	보통	보통	보통
1점	낮음	낮음	낮음	높음	높음
0점	없음	없음	없음	매우높음	매우높음

1점 ~ 20점

교육지원청의 학교폭력 처리절차

학교폭력대책 심의위원회의 가해학생 조치

교내 선도			외부기관 연계선도		교육환경변화			
1호	2호	3호	4호	5호	6호	7호	8호	9호
1~3점	위원회 의결	4~6점	7~9점	위원회 의결	10~12점	13~15점	16~20점	16~20점

- 해당조치로 인한 가해학생의 선도가능성 및 피해학생 보호위해 위원회 출석위원 과반수의 찬성으로 가해학생에 대해 가중 또는 감경 가능
- 피해학생이 장애 학생인 경우 가해 학생에 대한 조치 가중으로 가능

심의위의 가해 보호자에 대한 특별교육

- ● 참가율 제고: 야간, 주말 교육 개설 권장
- ● 장소: Wee 센터, 학부모지원센터, 청소년꿈키움센터 등
- ● 내용: 바람직한 학부모상, 학교폭력의 이해와 공동대처 방안

교육대상처분	이수시간	교육운영	비고
보복행위 금지, 학교봉사	4시간 이내	교육감 지정기관 프로그램 및 개인 상담 이수	보호자, 학생 공동 교육 가능
사회봉사, 특별교육, 출석정지, 학급교체, 전학	5시간 이상		

위원회의 가해학생에 대한 조치 [4호]

생활기록부 명기

학생생활기록부의 "출결사항 및 특기사항"에 제4호 조치에 대한 내용이 기록되며 졸업일로부터 2년 후에 삭제한다. 졸업직전 학교폭력 전담기구 심의에 의해 졸업과 동시에 삭제 가능하다.

제1장 행정적 처리절차

8. 심의위원회 제5호 조치

정재준
학교폭력전문TV

교육지원청의 학교폭력 처리절차

학교폭력대책 심의위원회의 가해학생 조치

	학교폭력의 심각성	학교폭력의 지속성	학교폭력의 고의성	가해학생의 반성 정도	화해 정도
4점	매우높음	매우높음	매우높음	없음	없음
3점	높음	높음	높음	낮음	낮음
2점	보통	보통	보통	보통	보통
1점	낮음	낮음	낮음	높음	높음
0점	없음	없음	없음	매우높음	매우높음

1점 ~ 20점

교육지원청의 학교폭력 처리절차

학교폭력대책 심의위원회의 가해학생 조치

교내 선도			외부기관 연계선도		교육환경변화			
1호	2호	3호	4호	5호	6호	7호	8호	9호
1~3점	위원회 의결	4~6점	7~9점	위원회 의결	10~12점	13~15점	16~20점	16~20점

▶제17조 ①항의 2호 처분(보복행위 금지)과 5호 처분(특별교육)은 심의위원회 의결에 의해 부과 가능(판정 점수와 무관)

위원회의 가해학생에 대한 조치 [5호]

⑤ 전문가에 의한 특별교육, 심리치료

▶상담 전문가와 허심탄회 대화를 통해 폭력 행동의 원인 반성과 스스로 개선 방법 사색하게 하는 조치

● 교육감이 정한 기관에서 특별교육 이수 혹은 심리치료
● 교육 혹은 치료 기간: 심의위원회에서 결정

위원회의 가해학생에 대한 조치 [5호]

생활기록부 명기

학생생활기록부의 "출결사항 및 특기사항"에 제5호 조치에 대한 내용이 기록되며 졸업일로부터 2년 후에 삭제한다. 졸업 직전 학교폭력 전담기구 심의에 의해 졸업과 동시에 삭제 가능하다.

제1장 행정적 처리절차

9. 심의위원회 제6호 조치

정재준
학교폭력전문TV

교육지원청의 학교폭력 처리절차

학교폭력대책 심의위원회의 가해학생 조치

	학교폭력의 심각성	학교폭력의 지속성	학교폭력의 고의성	가해학생의 반성 정도	화해 정도
4점	매우높음	매우높음	매우높음	없음	없음
3점	높음	높음	높음	낮음	낮음
2점	보통	보통	보통	보통	보통
1점	낮음	낮음	낮음	높음	높음
0점	없음	없음	없음	매우높음	매우높음

1점 ~ 20점

교육지원청의 학교폭력 처리절차

학교폭력대책 심의위원회의 가해학생 조치

교내 선도			외부기관 연계선도		교육환경변화			
1호	2호	3호	4호	5호	6호	7호	8호	9호
1~3점	위원회 의결	4~6점	7~9점	위원회 의결	10~12점	13~15점	16~20점	16~20점

▶제17조 ①항의 2호 처분(보복행위 금지)과 5호 처분(특별교육)은 심의위원회 의결에 의해 부과 가능(판정 점수와 무관)

심의위원회의 가해학생에 대한 조치 [6호]

⑥ 출석정지

▶일시적으로 피해학생과 격리시켜 피해학생을 보호하고, 가해학생에게는 반성의 기회를 주기 위한 조치

● 출석정지기간 산입: 출석 일수에 산입하지 않음
→ 생활기록부에는 '미인정결석'으로 처리
● 출석정지기간 활동: 가해학생에게 적절한 지도가 이루어질 수 있도록 학교장은 필요한 교육 방법 마련

심의위의 가해 보호자에 대한 특별교육

- 참가율 제고: 야간, 주말 교육 개설 권장
- 장소: Wee 센터, 학부모지원센터, 청소년꿈키움센터 등
- 내용: 바람직한 학부모상, 학교폭력의 이해와 공동대처 방안

교육대상처분	이수시간	교육운영	비고
보복행위 금지, 학교봉사	4시간 이내	교육감 지정기관 프로그램 및 개인 상담 이수	보호자, 학생 공동 교육 가능
사회봉사, 특별교육, 출석정지, 학급교체, 전학	5시간 이상		

제1장 행정적 처리절차

10. 심의위원회 제7호 조치

정재준
학교폭력전문TV

교육지원청의 학교폭력 처리절차

학교폭력대책 심의위원회의 가해학생 조치

	학교폭력의 심각성	학교폭력의 지속성	학교폭력의 고의성	가해학생의 반성 정도	화해 정도
4점	매우높음	매우높음	매우높음	없음	없음
3점	높음	높음	높음	낮음	낮음
2점	보통	보통	보통	보통	보통
1점	낮음	낮음	낮음	높음	높음
0점	없음	없음	없음	매우높음	매우높음

1점 ~ 20점

교육지원청의 학교폭력 처리절차

학교폭력대책 심의위원회의 가해학생 조치

교내 선도			외부기관 연계선도		교육환경변화			
1호	2호	3호	4호	5호	6호	7호	8호	9호
1~3점	위원회 의결	4~6점	7~9점	위원회 의결	10~12점	13~15점	16~20점	16~20점

▶제17조 ①항의 2호 처분(보복행위 금지)과 5호 처분(특별교육)은 심의위원회 의결에 의해 부과 가능(판정 점수와 무관)

위원회의 가해학생에 대한 조치 [7호]

조치 결정일	2019년 10월		⑦ 학급 교체
조치사항	피해학생	상담 치료	
	가해학생	제17조제1항 제1호 피해학생에 대한 서면 사과 제17조제1항 제2호 피해학생 및 신고, 고발 학생에 대한 접촉, 협박 및 보복행위의 금지 제17조제1항 제5호 특별교육 학생 20시간 및 보호자 5시간 이수 및 심리치료 제17조제1항 제7호 학급교체	
재심 안내	피해학생	조치에 대하여 이의가 있는 피해학생 또는 그 보호자는 그 조치를 받은 날부터 15일 이내 또는 그 조치가 있음을 안 날부터 10일 이내에 지역위원회에 재심을 청구할 수 있음(법률 제17조의2 제1항)	
	가해학생	전학 또는 퇴학조치에 대하여 이의가 있는 학생 또는 그 보호자는 그 조치를 받은 날부터 15일 이내 또는 그 조치가 있음을 안 날부터 10일 이내에 「초·중등교육법」 제18조의3에 따른 시·도학생징계조정위원회에 재심을 청구할 수 있음(법률 제17조의2 제2항)	
가해학생 불복절차	국·공립학교	학교장의 조치에 대하여 이의가 있는 경우에는 처분이 있음을 알게 된 날부터 90일 이내, 처분이 있었던 날부터 180일 이내에 행정심판을 청구하거나(행정심판법 제27조), 처분이 있음을 알게 된 날부터 90일 이내, 처분이 있은 날로부터 1년 이내에 행정소송을 청구할 수 있음(행정소송법 20조)	

▶ 가해학생을 피해학생으로부터 격리하기 위해 같은 학교 내의 다른 학급으로 옮기는 조치

초등학교장

심의위의 가해 보호자에 대한 특별교육

● **참가율 제고**: 야간, 주말 교육 개설 권장
● **장소**: Wee 센터, 학부모지원센터, 청소년꿈키움센터 등
● **내용**: 바람직한 학부모상, 학교폭력의 이해와 공동대처 방안

교육대상처분	이수시간	교육운영	비고
보복행위 금지, 학교봉사	4시간 이내	교육감 지정기관 프로그램 및 개인 상담 이수	보호자, 학생 공동 교육 가능
사회봉사, 특별교육, 출석정지, 학급교체, 전학	5시간 이상		

제1장 행정적 처리절차

11. 심의위원회 제8호 조치

정재준 학교폭력전문TV

교육지원청의 학교폭력 처리절차

학교폭력대책 심의위원회의 가해학생 조치

	학교폭력의 심각성	학교폭력의 지속성	학교폭력의 고의성	가해학생의 반성 정도	화해 정도
4점	매우높음	매우높음	매우높음	없음	없음
3점	높음	높음	높음	낮음	낮음
2점	보통	보통	보통	보통	보통
1점	낮음	낮음	낮음	높음	높음
0점	없음	없음	없음	매우높음	매우높음

1점 ~ 20점

교육지원청의 학교폭력 처리절차

학교폭력대책 심의위원회의 가해학생 조치

교내 선도			외부기관 연계선도		교육환경변화			
1호	2호	3호	4호	5호	6호	7호	8호	9호
1~3점	위원회 의결	4~6점	7~9점	위원회 의결	10~12점	13~15점	16~20점	16~20점

▶제17조 ①항의 2호 처분(보복행위 금지)과 5호 처분(특별교육)은 심의위원회 의결에 의해 부과 가능(판정 점수와 무관)

위원회의 가해학생에 대한 조치 [8호]

⑧ 전학

▶가해학생을 피해학생으로부터 격리시켜 피해학생에 대해 더 이상 폭력행위를 하지 못하도록 하기 위하여 다른 학교로 소속을 옮기는 조치

● 재전학 금지: 가해학생이 타 학교로 전학간 뒤 다시 소속 학교로 재전학 올 수 없도록 하여야 함
● 상급학교 진학시 조치: 각각 다른 학교를 배정하되 피해학생이 입학할 학교를 우선적으로 배정(시행령 제20조 4항)

심의위의 가해 보호자에 대한 특별교육

- **참가율 제고**: 야간, 주말 교육 개설 권장
- **장소**: Wee 센터, 학부모지원센터, 청소년꿈키움센터 등
- **내용**: 바람직한 학부모상, 학교폭력의 이해와 공동대처 방안

교육대상처분	이수시간	교육운영	비고
보복행위 금지, 학교봉사	4시간 이내	교육감 지정기관 프로그램 및 개인 상담 이수	보호자, 학생 공동 교육 가능
사회봉사, 특별교육, 출석정지, 학급교체, 전학	5시간 이상		

제1장 행정적 처리절차

12. 심의위원회 제9호 조치

정재준
학교폭력전문TV

교육지원청의 학교폭력 처리절차

학교폭력대책 심의위원회의 가해학생 조치

	학교폭력의 심각성	학교폭력의 지속성	학교폭력의 고의성	가해학생의 반성 정도	화해 정도
4점	매우높음	매우높음	매우높음	없음	없음
3점	높음	높음	높음	낮음	낮음
2점	보통	보통	보통	보통	보통
1점	낮음	낮음	낮음	높음	높음
0점	없음	없음	없음	매우높음	매우높음

1점 ~ 20점

교육지원청의 학교폭력 처리절차

학교폭력대책 심의위원회의 가해학생 조치

교내 선도			외부기관 연계선도		교육환경변화			
1호	2호	3호	4호	5호	6호	7호	8호	9호
1~3점	위원회 의결	4~6점	7~9점	위원회 의결	10~12점	13~15점	16~20점	16~20점

▶제17조 ①항의 2호 처분(보복행위 금지)과 5호 처분(특별교육)은 심의위원회 의결에 의해 부과 가능(판정 점수와 무관)

위원회의 가해학생에 대한 조치 [9호]

⑨ 퇴학 처분

▶피해학생을 보호하고 가해학생을 선도·교육할 수 없다고 인정될 때 취하는 조치

● **의무교육과정 학생**: 초등학교와 중학교 가해학생에게 적용되지 않음
● **퇴학당한 학생에 대한 조치**: 대안학교로의 입학 등 해당 학생의 건전한 성장에 적합한 대책 마련 필요(시행령 제23조)
→ 가해학생 조치 및 재입학에 필요한 세부사항 교육감이 정함

위원회의 가해학생에 대한 조치 [9호]

생활기록부 명기

학생생활기록부의 "인적·학적 사항 및 특기사항"에 제호 조치에 대한 내용이 기록되며 삭제 대상이 아니다.

제1장 행정적 처리절차

13. 학생생활기록부에 학교폭력 기재

**정재준
학교폭력전문TV**

학교에서의 처리절차(생활기록부 기재)

교육부 훈령 [학교생활기록부 작성 및 관리 지침]

1. 인적사항
2. 학적사항
3. 출결상황
4. 자격증 및 인증 취득사항
5. 교과학습 발달상황
6. 행동특성 및 종합의견

학교에서의 처리절차(생활기록부 기재)

가해학생 조치사항 「학교폭력예방 및 대책에 관한 법률」 제17조제1항	학교생활기록부 영역	삭제 시기
제1호(피해학생에 대한 서면사과)	행동특성 및 종합의견	■ 졸업과 동시(졸업식 이후부터 2월 말 사이 졸업생 학적반영 이전) ■ 학업중단자는 해당학생이 학적을 유지하였을 경우를 가정하여 졸업할 시점
제2호(피해학생 및 신고·고발 학생에 대한 접촉, 협박 및 보복행위의 금지)		
제3호(학교에서의 봉사)		
제4호(사회봉사)	출결상황 특기사항	■ 졸업일로부터 2년 후 ■ 졸업 직전 학교폭력 전담기구의 심의를 거쳐 졸업과 동시 삭제 가능 ■ 학업중단자는 해당 학생이 학적을 유지하였을 경우를 가정하여 졸업하였을 시점으로부터 2년 후
제5호(학내외 전문가에 의한 특별교육 이수 또는 심리치료)		
제6호(출석정지)		
제7호(학급교체)	행동특성 및 종합의견	
제8호(전학)	인적·학적사항 특기사항	■ 졸업일로부터 2년 후
제9호(퇴학처분)		■ 삭제 대상 아님

※ 2023.2.28. 이전 신고된 학교폭력 사안의 삭제 시기 및 방법은 「2022학년도 학교생활기록부 기재요령」에 따른다.

학교폭력 조치사항 기록 보존기간 변경(안)

- **6호 출석정지 / 7호 학급교체**: 원칙 졸업 후 2년 보존 → 4년 보존
  - 예외 졸업 직전 심의* 통해 삭제 가능
- **8호 전학**: 졸업 후 예외없이 2년 보존 → 4년 보존

*심의 삭제요건 강화: 피해학생 동의서, 가해학생 불복절차 여부 등 필수

조치사항 대입 반영 확대
현행 학생부 종합전형 반영 → 학생부, 수능, 논술, 실기·실력위주 전형에 조치사항 반영 및 자퇴한 가해학생의 '조치사항'도 학생부에 표기

※ 대입 반영 시기별
2025학년도: 대학이 자율적으로 반영 2026학년도 이후: 전체 대학 필수 반영

학교폭력 발생시 피해학생 보호체계 강화
- 가해·피해학생 즉시분리 기간: 현행 3일 → 7일 이내로 연장
- 학교장 긴급조치: 현행 1호 서면사과 2호 접촉·협박·보복 금지 3호 학교봉사 5호 특별 교육이수 또는 심리치료 6호 출석정지(10일 이내) → '심의결정시'까지
  - 7호 학급교체 → 추가
- 피해학생에게 가해학생 분리 요청권 부여: 6호 출석정지·7호 학급교체
  - ※ 피해학생 요청시 학교장은 학교 전담기구 판단 아래 6·7호 긴급조치 가능

학교에서의 처리절차(생활기록부 기재)

구분		학교생활기록부 I	학교생활기록부 II
내용		특기사항 삭제	특기사항(세부사항) 포함
용도		민원 및 국가기록으로 활용	상급학교 진학지도 및 상급학교 학생 선발에 활용 (학부모서비스 제공)
학교	졸업후 5년 동안	전산자료·종이출력물	전산자료·종이출력물
	5년 이후	(교무업무시스템)전산자료만 삭제	전산자료 삭제 · 종이출력물 폐기
	이후 활용	종이출력물사본 또는 부본전산매체활용 민원용 발급 (공문시행예정)	대학입학전형자료로 활용을 위해 전산매체만 5년 추가 보존(고등학교만 해당)
	학적 변동자	학업을 중단한 자가 재취학, 편입학, 재입학 등으로 학적을 회복하기 전까지는 해당학생의 학교생활기록부 I, 학교생활기록부 II를 제 18조에 따라 보관 (전산자료와 종이출력물 보관)	
교육청	5년 이후	졸업 후 5년이 지나면 관할 교육청 자료관으로 이관하여 '기록물전문관리기관'으로 이관하기 전까지 보존관리	해당없음

학교생활세부사항기록부(학교생활기록부 II)

<고등학교>

졸업 대장 번호 구분 학년	학과	반	번호	담임성명
1				
2				
3				

사 진
3.5cm × 4.5cm

전공·과정 학년	1학기	2학기	비고
1			
2			
3			

1. 인적 · 학적사항

학생정보	성명: 성별: 주민등록번호:
	주소:
학적사항	년 월 일 ○○중학교 제3학년 졸업
	년 월 일 □□고등학교 제1학년 입학
특기사항	

2. 출결상황

학년	수업일수	결석일수			지각			조퇴			결과			특기사항
		질병	미인정	기타	질병	미인정	기타	질병	미인정	기타	질병	미인정	기타	
1														
2														
3														

학교생활세부사항기록부(학교생활기록부Ⅱ)

<고등학교>

졸업 대장 번호					
학년 \ 구분	학과	반	번호	담임성명
1				
2				
3				

사 진
3.5cm × 4.5cm

전공·과정 \ 학년	1학기	2학기	비고
1			
2			
3			

1. 인적 · 학적사항

학생정보	성명: 성별: 주민등록번호: 주소:
학적사항	년 월 일 ○○중학교 제3학년 졸업 년 월 일 □□고등학교 제1학년 입학
특기사항	

2. 출결상황

학년	수업일수	결석일수			지각			조퇴			결과			특기사항
		질병	미인정	기타	질병	미인정	기타	질병	미인정	기타	질병	미인정	기타	
1														
2														
3														

3. 수상경력

학년 (학기)		수상명	등급(위)	수상연월일	수여기관	참가대상 (참가인원)
1	1					
	2					
2	1					
	2					
3	1					
	2					

4. 자격증 및 인증 취득상황

<자격증 및 인증 취득상황>

구분	명칭 또는 종류	번호 또는 내용	취득연월일	발급기관
자격증				

<국가직무능력표준 이수상황>

학년	학기	세분류	능력단위 (능력단위요소)	이수시간	원점수	성취도	비고

5. 창의적 체험활동상황

학년	창의적 체험활동상황		
	영역	시간	특기사항
1	자율활동		
	동아리활동		(자율동아리) 희망분야 ※ 상급학교 미제공
	진로활동		
2	자율활동		
	동아리활동		(자율동아리) 희망분야 ※ 상급학교 미제공
	진로활동		
3	자율활동		
	동아리활동		(자율동아리) 희망분야 ※ 상급학교 미제공
	진로활동		

학년	봉사활동실적				
	일자 또는 기간	장소 또는 주관기관명	활동내용	시간	누계시간
1					
2					
3					

6. 교과학습발달상황

[1학년]

학기	교과	과목	단위수	원점수/과목평균 (표준편차)	성취도 (수강자수)	석차등급	비고
1							
2							
이수단위 합계							

과목	세부능력 및 특기사항

<진로 선택 과목>

학기	교과	과목	단위수	원점수/과목평균	성취도 (수강자수)	성취도별 분포비율	비고
1							
2							
이수단위 합계							

과목	세부능력 및 특기사항

<체육·예술>

학기	교과	과목	단위수	성취도	비고
1					
2					
이수단위 합계					

과목	세부능력 및 특기사항

7. 독서활동상황

학년	과목 또는 영역	독서 활동 상황
1		
2		
3		

8. 행동특성 및 종합의견

학년	행동특성 및 종합의견
1	
2	
3	

학교에서의 처리절차(생활기록부 기재)

1. 학교폭력 관련 피해학생 조치사항은 입력하지 않는다.
2. 학적변동(전출, 자퇴 등)의 경우 학교폭력 조치사항을 입력한 후 학적 처리한다.
3. 심의위원회가 가해학생 조치를 병과한 경우 병과된 조치사항도 모두 입력한다.
4. 가해학생에 대한 특별교육 이수 또는 심리치료를 받은 사실은 기재하지 않는다.
5. 생기부 외에도 학교 전담기구에서는 가해학생 조치사항 관리대장을 작성한다.

학교에서의 처리절차(생활기록부 기재)

1. 인적 · 학적사항

학생정보	성명: 　　성별: 　　주민등록번호: 주소:
학적사항	년 월 일 ○○중학교 제3학년 졸업 년 월 일 □□고등학교 제1학년 입학
특기사항	

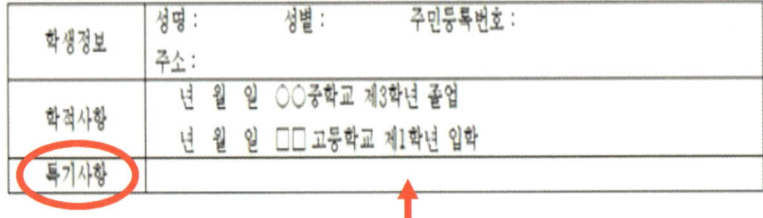

학폭법 제17조에 따른 가해학생에 대한 조치사항 입력
[제4호부터 제9호까지 사항]

학교에서의 처리절차(생활기록부 기재)

8. ⭕**행동특성** 및 종합의견

학년	행동특성 및 종합의견
1	
2	
3	

↑
학폭법 제17조에 따른 가해학생에 대한 조치사항 입력
[제1호(서면사과), 제2호(보복금지), 제3호(학교봉사), 제7호(학급교체)]

학교에서의 처리절차(생활기록부 기재)

생활기록부 학교폭력 내용 기재(특별)

1. 인적 · 학적사항

학생정보	성명: 성별: 주민등록번호:
	주소:
학적사항	년 월 일 ○○중학교 제3학년 졸업
	년 월 일 □□고등학교 제1학년 입학
특기사항	

학폭법 제17조에 따른 8호(전학), 9호(퇴학) 조치 기록

학교에서의 처리절차(생활기록부 기재)

생활기록부 학교폭력 내용 기재(특별)

2. 출결상황

학년	수업일수	결석일수			지각			조퇴			결과			특기사항
		질병	미인정	기타	질병	미인정	기타	질병	미인정	기타	질병	미인정	기타	
1														
2														
3														

학폭법 제17조에 따른 4호(사회봉사), 5호(특별교육), 6호(출석정지)에 따른 출결 기록

학교폭력 가해학생 조치사항 관리 대장
(2000학년도 입학생)

인적사항				조치 일자	졸업 예정일(월)	학교폭력 조치사항 (기재유보 조치 포함)	졸업 2년 후 삭제 사항	
학년	반	번호	성명				전담기구 심의 사항 (제4호,제5호,제6호,제8호)	삭제 시기(월)
6	1		A	2022.3.12	2023. 2	제3호		
6	1		A	2022.6.23	2023. 2	제1호 제2호 제3호		
6	1		A	2022.8.4.	2023. 2	제2호 제5호	(2건 이상의 학교폭력 사안으로 제5호는 심의 대상 아님)	2025. 2.
6	4		B	2022.12.12.	2023. 2	제1호 제2호 (제1호 기재유보)		

※ 보존기간: 졸업 후 2년
※ 학교폭력 가해학생 조치 조건부 기재유보 관리대장을 참고하여 학교폭력 조치사항 관리대장에 기재
※ 전출교에서는 전입교에 학교폭력 가해학생 조치사항 관련 내용을 송부

학교폭력 가해학생 조치(제1호·제2호·제3호)
조건부 기재유보 관리대장(20○○학년도 입학생)

인적사항				조치일자 (이행기간)	조치사항	이행 완료일	비고
학년	반	번호	성명				
3	1	25	김샛갓	2022.4.5. (2022.00.00)	제1호	2022.00.00.	
3	2		~~홍길동~~	~~2022.5.12.~~ ~~(2022.00.00)~~	~~제3호~~	~~2022.00.00.~~	다른 학교폭력 사안으로 조치 를 받음

※ 조치일자는 교육장 내부결재일(교육지원청에서 학교로 통보함)
※ 조치이행 기간 내에 이행하지 않은 경우에는 해당란에 취소선을 그음

※ 보존기간: 졸업학년도 2월말에 폐기

[참고] 학교폭력 가해학생 조치(제1호·제2호·제3호) 조건부 기재유보
- 가해학생 조치사항(제1호·제2호·제3호)을 이행한 가해학생이 동일 학교급에서 다른 학교폭력 사안으로 가해학생 조치를 받지 않은 경우(초등학생은 조치를 받은 날로부터 3년이 경과한 경우)에 한해서 조건부로 기재하지 않음.
- 다만, 해당 학생이 동일 학교급(초등학생은 조치를 받은 날로부터 3년 내)에서 다른 학교폭력 사안으로 가해학생 조치를 받은 경우에는 이전에 적지 않은 조치사항을 포함하여 기재함.
- 심의위원회가 정한 이행기간 내에 조치사항을 이행하지 않으면 조치사항을 기재하고 이후 조치사항을 이행하여도 기재내용은 유지됨.

제1장 행정적 처리절차

14. 심의위원회의 분쟁조정

정재준
학교폭력전문TV

심의위원회의 분쟁조정

근거: **[학교폭력예방 및 대책에 관한 법률]** 제18조(분쟁조정) ① 심의위원회는 학교폭력과 관련하여 분쟁이 있는 경우에는 그 분쟁을 조정할 수 있다.

심의위원회의 분쟁조정

1. 주체: 학교폭력대책 심의위원회

2. 조정 기간: 1개월 이내

3. 조정 내용
  1) 피해학생과 가해학생 간 또는 그 보호자 간의 손해배상(치료비, 위자료 등)에 관련된 합의 조정
  2) 그 밖에 심의위원회가 필요하다고 인정하는 사항

분쟁조정 신청서 양식

분쟁조정 신청서

• 사안번호: (　　)학교 2022-(　)호

학생	성명	(남 / 여)				
	주소					
	소속		학교　　학년　　반			
보호자	성명		관계		전화번호	
	주소					

신청사유

위와 같이 분쟁조정을 신청합니다.

신청일:　　년　월　일
신청인:　　　　(서명)

심의위원회의 분쟁조정

분쟁조정에 따른 권한과 의무

[학교폭력예방 및 대책에 관한 법률 제16조]

④항 심의위원회는 분쟁조정을 위하여 필요하다고 인정하는 때에는 관계 기관의 협조를 얻어 학교폭력과 관련한 사항을 **조사**할 수 있다.

⑤항 심의위원회가 분쟁조정을 하고자 할 때에는 이를 피해학생, 가해학생 및 그 보호자에게 **통보**하여야 한다.

심의위원회의 분쟁조정

분쟁조정 관할권 연결

피해, 가해 학생이 **같은 교육지원청** 소속

➡ 심의위원회에서 분쟁 조정

피해, 가해 학생이 **다른 교육지원청** 소속

➡ 동일 시·도 교육청: 해당 시·도 교육감이 분쟁 조정

➡ 다른 시·도 교육청: 각 지역 시·도 교육감이 분쟁 조정

심의위원회의 분쟁조정

분쟁조정 관할권

수원시 수성 고교 같은 반 학교폭력		수원교육지원청 심의위원회
수성고 가해자 평택고 피해자		경기도 교육감
수성고 가해자 부산고 피해자		경기도 교육감 부산 교육감

학교폭력 처리절차

② 분쟁조정의 거부, 중지, 종료

[학교폭력예방 및 대책에 관한 법률 시행령 제28조]

[분쟁조정의 개시를 **거부**하거나 **중지**할 수 있는 경우]

1. 분쟁당사자 중 어느 한 쪽이 분쟁조정을 거부한 경우
2. 피해학생 등이 관련된 학교폭력에 대하여 가해학생을 고소, 고발하거나 민사상 소송을 제기한 경우
3. 분쟁조정의 신청 내용이 거짓임이 명백하거나 정당한 이유가 없다고 인정되는 경우

심의위원회의 분쟁조정

분쟁조정의 거부, 중지, 종료

[학교폭력예방 및 대책에 관한 법률 시행령 제28조]

[분쟁조정을 종료하는 경우]

1. 분쟁당사자 간에 합의가 이루어지거나 심의위원회 또는 교육감이 제시한 조정안을 분쟁당사자가 수락하는 등 **분쟁조정이 성립한 경우**

2. 분쟁조정 개시일부터 1개월이 지나도록 **분쟁조정이 성립하지 아니한 경우**

심의위원회의 분쟁조정

분쟁조정의 결과

[학교폭력예방 및 대책에 관한 법률 시행령 제29조]

① 심의위원회 또는 교육감은 분쟁조정이 성립하면 다음 각 호의 사항을 적은 합의서를 작성하여 분쟁당사자와 피해학생 및 가해학생이 소속된 학교의 장에게 각각 **통보**해야 한다.

1. 분쟁당사자의 주소와 성명
2. 조정 대상 분쟁의 내용
 가. 분쟁의 경위
 나. 조정의 쟁점(분쟁당사자의 의견을 포함한다)
3. **조정의 결과**

심의위원회의 분쟁조정

분쟁조정의 결과

[학교폭력예방 및 대책에 관한 법률 시행령 제29조]

② 제1항에 따른 합의서에는 심의위원회가 조정한 경우에는 분쟁당사자와 조정에 참가한 위원이, 교육감이 조정한 경우에는 분쟁당사자와 교육감이 각각 서명·날인해야 한다.

③ 심의위원회의 위원장은 분쟁조정의 결과를 교육감에게 보고해야 한다.

제1장 행정적 처리절차

15. 학교폭력 처분 행정심판

정재준
학교폭력전문TV

학교폭력 처분 이의신청(행정심판)

행정심판 개념

행정심판이란 행정청의 위법·부당한 처분이나 부작위로 권리 또는 이익을 침해받은 국민이 이를 회복하기 위하여 행정기관에 제기하는 권리구제제도

행정소송이란 행정청의 위법한 처분이나 공권력의 행사 등으로 국민의 권리 또는 이익의 침해를 구제하고 공법상의 권리관계(법적용) 등 해결하기 위해 법원이 행하는 재판 절차

학교폭력 처분 이의신청(행정심판)

행정심판 대상

* **피해학생 또는 그 보호자**는 교육장의 조치[제16조 ①항(피해학생 보호)과 제17조 ①항(가해학생 조치)]에 대해 행정심판 청구할 수 있다.

* **가해학생 또는 그 보호자**는 교육장의 조치[제17조 ①항(가해학생 조치)]에 대해 행정심판 청구할 수 있다.

학교폭력 처분 이의신청(행정심판)

행정심판 청구 기간

* 교육장의 조치에 대하여는 <u>처분이 있음을 알게 된 날부터 90일 이내</u>, <u>처분이 있었던 날부터 180일 이내</u>에 행정심판을 청구할 수 있다.

| 교육장의 조치가 있음을 현실적으로 안 날을 의미 | 교육장 명의 조치결정 통보서가 당사자에게 도달하여 해당조치가 성립한 날 |

학교폭력 처분 이의신청(행정심판)

행정심판 기관

행정심판은 처분청 또는 해당 교육청 <행정심판위원회>에 청구

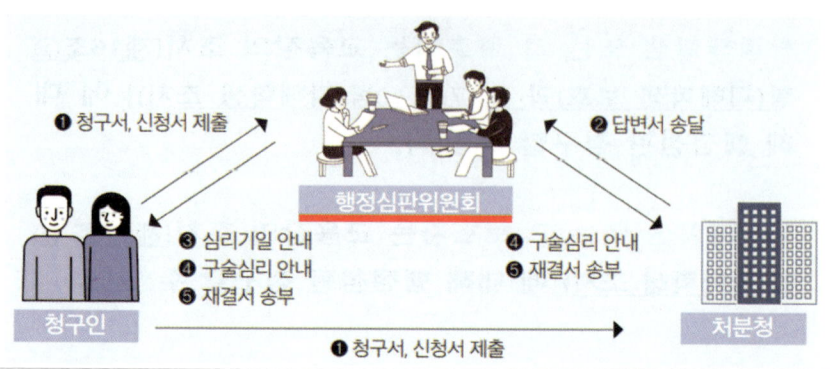

학교폭력 처분 이의신청(행정심판)

행정심판: 조치의 집행정지

행정심판의 청구는 처분의 효력이나 그 집행 또는 절차의 속행에 영향을 주지 아니하므로 처분의 효력, 처분의 집행 또는 절차의 속행을 정지하려면 행정심판위원회의 집행정지 결정이 있어야 한다.

학교폭력 처분 이의신청(행정심판)

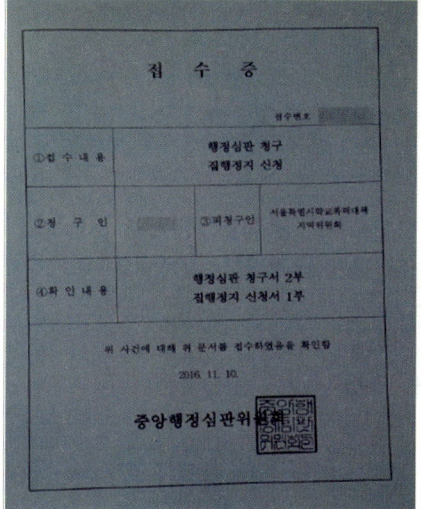
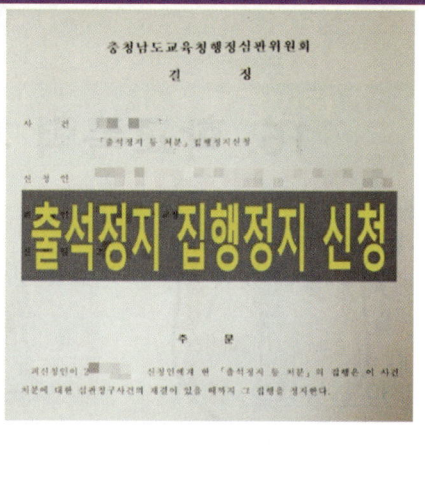

제1장 행정적 처리절차

16. 학교폭력 처분 행정소송

정재준
학교폭력전문TV

학교폭력 처분 이의신청(행정소송)

행정소송의 개념

행정소송이란 행정청의 위법한 처분이나 공권력의 행사 등으로 국민의 권리 또는 이익의 침해를 구제하고 공법상의 권리관계(법적용) 등 해결하기 위해 법원이 행하는 재판 절차

 [행정소송 임의주의] 교육장의 조치에 대하여 이의가 있는 당사자는 행정심판을 거치지 않고 바로 행정소송을 제기할 수 있다.

학교폭력 처분 이의신청(행정소송)

행정소송 제소기간

* 취소 소송은 처분이 있음을 안 날부터 90일 이내, 처분이 있었던 날부터 1년을 경과하면 제기할 수 없다.

 행정심판을 거쳐 행정소송을 제기하는 경우에는 '행정심판 재결서의 정본을 송달받은 날'부터 기간을 계산한다.

학교폭력 처분 이의신청(행정소송)

처분의 취소 또는 무효를 구하는 학생이 원고가 되고(미성년인 경우에는 법정대리인이 대리하여야 함) 교육장이 피고가 된다.

학교폭력 처분 이의신청(행정소송)

행정소송: 결정의 집행정지

취소소송의 제기는 처분 등의 효력이나 그 집행 또는 절차의 속행에 영향을 주지 아니하므로 처분의 절차 또는 효력을 정지하기 위해서는 집행정지 결정이 있어야 한다(행정소송법 제23조). ➜ 행정 본안 소송 제기 & 집행정지 신청

학교폭력 처분 이의신청(행정소송)

행정 본안 소송

1. (학교폭력) 행정처분 취소소송
2. (학교폭력) 행정처분 무효확인소송
3. - - -

집행정지 청구

(학교폭력) 행정처분에 대한 본안 소송 결정시까지 집행을 정지시켜 달라는 청구

학교폭력 처분 이의신청(행정소송)

결정의 집행정지 청구가 받아들여지는 요건

1. 집행정지의 이익 존재 여부
2. 긴급성의 여부
3. 본안 청구가 이유 없음이 명백하지 않을 것
4. 본안소송이 계속 중일 것
5. 회복하게 어려운 손해 발생 우려
6. 공공복리에 영향을 미칠 우려가 없을 것

|제2부| 학교폭력 처리절차

제2장 사법적 처리절차

1. 경찰에서의 처리절차
[학교폭력전담경찰관, SPO]

정재준
학교폭력전문TV

학교폭력 경찰에서의 처리절차

학교폭력 사건이 발생한 경우에는 학교 전담기구의 조사를 거쳐 심의위원회가 사건을 해결하기 위하여 관련법에 따른 조치를 취하는 경우가 일반적이다. 그러나 이것이 불가능하거나 사안이 너무 중대하거나 학교 내에서의 해결을 원하지 않는 경우에는 심의위원회 절차와 별도로 피해자 등은 경찰 등 수사기관에 고소해서 형사절차를 진행할 수 있다.

행정적 조치와 형사처벌이 다른 권역이기 때문에 경찰 송치에 의하여 검찰에서 가해학생을 혐의없음(증거불충분)에 의한 불기소처분을 하더라도 심의위원회는 동일 사건을 학교폭력으로 인정하고 선도 조치 등을 결정할 수 있다.

● **학교폭력 24시간 신고센터(117)**

아동(청소년), 여성, 장애인 등 사회적 약자에 대한 피해신고 접수 즉시 긴급구조·수사·법률상담·쉼터 연계 등 종합지원이 가능합니다.

1 전화

　　전국에서 국번없이 117(요금무료)

2 문자신고

　　#0117(요금무료)

3 인터넷(홈페이지)

　　안전 Dream(또는 검색어 117)으로 신고

4 방문

　　117센터에 방문하여 신고·상담

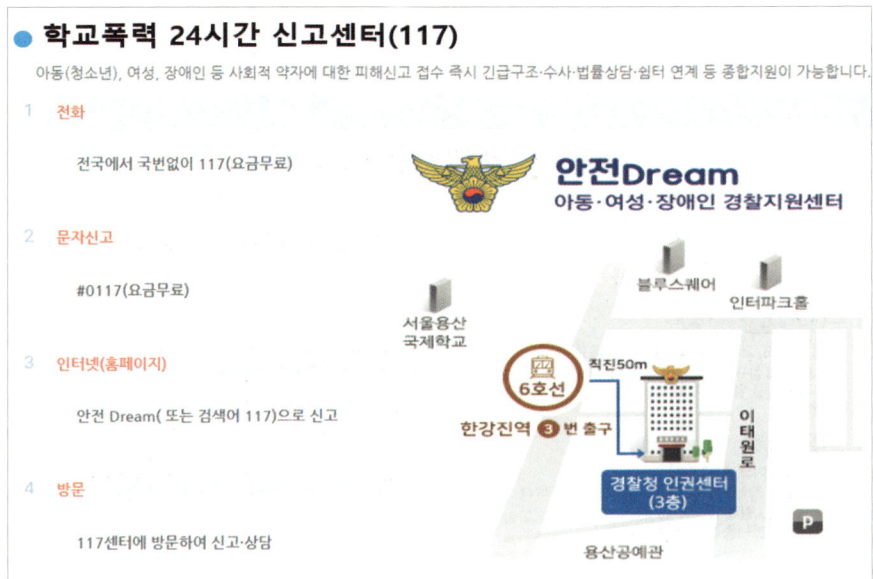

학교폭력 경찰에서의 처리절차

① 학교전담경찰관(SPO)

초·중·고교에서 발생하는 학교폭력 관련 업무를 전담하는 경찰관으로, 영문명 'School Police Officer'의 머리글자를 따서 'SPO'라고도 부른다. 아동·청소년·상담 관련 학위 또는 자격증 소지 여부, 아동·청소년 지도 경력 여부 등을 고려하여 선발된다.

학교전담경찰관?

7:1의 경쟁률 / 순경급 직책
학생,학부모,교사 관리/단속
폭력서클 단속/교권침해,해결

학교폭력 경찰에서의 처리절차

① 학교전담경찰관(SPO)

학교전담경찰관 -응시자격-

- 학교전담경찰관
학생, 학부모, 교사 상대로 범죄예방교육을 하며 신고를 통해 접수된 학교 폭력을 상담하고, 학교 폭력 근절과 예방을 위한 업무를 하는 경찰 공무원을 뜻하는 용어이다.

- 응시자격
연령: 20세 이상 40세 이하
학력: 아동, 청소년, 교육, 상담, 심리학과 전공 학사
병역: 남자는 병역 필 또는 면제자
면허: 운전면허 1종 보통 이상 소지자

학교전담경찰관 -시험내용-

필기시험: 한국사, 영어, 형법, 형소법, 경찰학개론
서류전형: 필기시험 합격자에 한함
신체검사: 직무수행에 필요한 신체조건 및 건강상태 등 검정
체력검사: 100m 달리기, 1000m 달리기, 팔굽혀펴기 윗몸일으키기, 좌우악력 (5개종목)
적성검사: 직무수행에 필요한 적성과 자질 등 종합검정
면접시험: 직무수행에 필요한 능력, 발전성, 적격성 등 검정

학교폭력 경찰에서의 처리절차

① 학교전담경찰관(SPO)

SPO는 2011년 학교폭력으로 대구의 한 중학생이 자살한 사건이 발생한 것을 계기로 2012년 도입되었다. 이후 **2017년에는 <학교폭력예방 및 대책에 관한 법률(약칭 학교폭력예방법)>에 학교전담경찰관에 대한 규정이 신설**됨으로써 근거 법령이 마련되었다.

학교폭력 경찰에서의 처리절차

① 학교전담경찰관(SPO)

한 개 경찰서의 여성청소년계에서 학교전담경찰관 1명(권장: 남녀 1명씩)을 배치하고 있어서 경찰서 관내 학교가 많은 경우 SPO 1인당 20여개 학교를 책임지고 있다. 전국 정원의 약 90% 배치

학교폭력 경찰에서의 처리절차

① 학교전담경찰관(SPO)

[학교폭력예방 및 대책에 관한 법률]

제20조의6(학교전담경찰관)

① 국가는 학교폭력 예방 및 근절을 위하여 학교폭력 업무 등을 전담하는 경찰관을 둘 수 있다.

② 제1항에 따른 학교전담경찰관의 운영에 필요한 사항은 대통령령으로 정한다.

학교폭력 경찰에서의 처리절차

[학교폭력예방 및 대책에 관한 법률 시행령]

제31조의2(학교전담경찰관의 운영) ① 경찰청장은 법 제20조의6제1항에 따라 학교폭력 예방 및 근절을 위해 학교폭력 업무 등을 전담하는 경찰관(이하 "학교전담경찰관"이라 한다)을 둘 경우에는 학생 상담 관련 학위나 자격증 소지 여부, 학생 지도 경력 등 학교폭력 업무 수행에 필요한 전문성을 고려해야 한다.
② 학교전담경찰관은 다음 각 호의 업무를 수행한다.
1. 학교폭력 예방활동
2. 피해학생 보호 및 가해학생 선도
3. 학교폭력 단체에 대한 정보 수집
4. 학교폭력 단체의 결성예방 및 해체
5. 그 밖에 경찰청장이 교육부장관과 협의해 학교폭력 예방 및 근절 등을 위해 필요하다고 인정하는 업무
③ 학교전담경찰관이 소속된 경찰관서의 장과 학교의 장은 학교폭력 예방 및 근절을 위해 상호 협력해야 한다.

학교폭력 경찰에서의 처리절차

① 학교전담경찰관(SPO) 미국과의 차이

By 2018, SPOs were <u>present</u> in at least 58 percent of U.S. schools, including 72 percent of high schools.

제2장 사법적 처리절차

2. 연령에 따른 경찰 단계 처리절차

정재준
학교폭력전문TV

학교폭력 경찰에서의 처리절차

연령에 따른 비행소년 구분

	범법소년	촉법소년	범죄소년
연령 범위	만 10세 미만	만 10세 이상 만 14세 미만	만 14세 이상
적용 법률	없음	<소년법>	<형법>, <소년법>
처벌 여부	형사처벌 불가	형사처벌 불가 보호처분 가능	형사처벌 가능 보호처분 가능

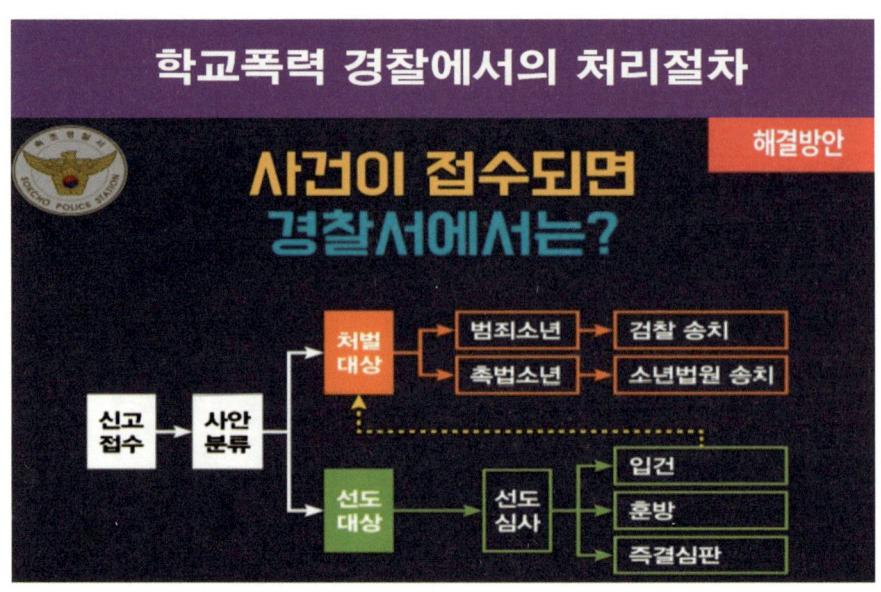

학교폭력 경찰에서의 처리절차

연령에 따른 비행소년 구분

형사처벌	보호처분
징역, 금고, 벌금 등	제1호 보호자 또는 보호자를 대신하여 소년을 보호할 수 있는 자에게 감호 위탁 제2호 수강명령 제3호 사회봉사명령 제4호 보호관찰관의 단기(短期) 보호관찰 제5호 보호관찰관의 장기(長期) 보호관찰 제6호 「아동복지법」에 따른 아동복지시설이나 그 밖의 소년보호시설에 감호 위탁 제7호 병원, 요양소 또는 「보호소년등의처우에관한법률」에 따른 의료재활소년원에 위탁 제8호 1개월 이내의 소년원 송치 제9호 단기 소년원 송치 제10호 장기 소년원 송치
전과기록 남음	처분기록 삭제

학교폭력 경찰에서의 처리절차

경찰에서의 처리 절차

경찰에서 학교폭력 사건으로 수사를 하기 위해서는 '소년사건의 처리에 관한 규정'인 「소년법」과 「소년업무처리규칙」에 따른다. 이에 의하면 학교폭력 사건을 접수한 해당 경찰은 경찰서장에게 보고하고 경찰서장은 학교폭력 가해학생이 연령상 촉법소년(만 10세 이상 14세 미만)인 경우에는 직접 관할 법원 소년부에 송치해야 한다. 범죄소년(만 14세 이상)에 대하여는 「소년업무처리규칙」 제1조에 의하여 소년사건처리에서 자체적으로 종결하거나 즉결심판청구 또는 형사사건으로 입건·수사하여 검찰에 송치한다.

비행 소년의 연령상 구분

문1. "전 중학교 2학년인데 어제 친구를 칼로 살해했어요. 그런데 오늘이 제 14번째 생일이에요. 전 어떤 범죄유형의 소년인지요?"

① 촉법소년
② 범죄소년
③ 범법소년
④ 우범소년

비행 소년의 연령상 구분

문2. "저 돌이(만13세)와 급우 철수(만14세)는 오늘 함께 여학생 급우를 살해했어요. 우리는 어떠한 처벌이 내려질까요?"

① 돌이 보호처분, 철수 형사처벌, 둘다 심의위 조치
② 돌이 보호처분, 철수 형사처벌
③ 돌이와 철수 보호처분, 둘다 심의위 조치
④ 돌이와 철수 둘다 형사처벌

제2장 사법적 처리절차

3. 다양한 경찰 단계 처리절차

정재준
학교폭력전문TV

학교폭력 경찰에서의 처리절차

경찰에서의 처리 절차

경찰처리	유형	근거법률
경찰훈방	• 단순훈방 • 선도조건부 훈방 [by 청소년선도심사위원회]	[소년업무규칙]
범죄소년에 대한 통고처분	범칙금	[경범죄처벌법]
범죄소년에 대한 즉결심판청구	벌금(20만원 미만)	[즉결심판법]
검찰청에 송치	형사처벌	[형법] 등
소년부에 송치	보호처분	[소년법]

학교폭력 경찰에서의 처리절차

경찰에서의 처리 절차: 경찰훈방

불량행위소년을 '미성년자풍기사범'으로 처리하고, 선도·보호라는 차원에서 즉결심판 청구, 관계 당국에의 통보 외에도 보호자에게 통보·훈방 등의 조치를 취하고 있다. 이러한 경찰 훈방은 단순 훈방과 선도조건부 훈방으로 구분할 수 있다.

학교폭력 경찰에서의 처리절차

경찰훈방: 단순훈방

훈방의 근거는 경찰 내부의 직무 규범인 「소년업무규칙」 제21조로서 '경찰관은 불량소년을 발견하면 현장에서 주의, 조언, 제지 또는 필요에 따라 보호자에게 연락, 조언하여야 한다.'는 규정과 제33조 '경찰관은 수사 또는 조사한 결과 비행소년이 아니라고 인정되는 소년 또는 14세 미만의 우범소년에 대하여는 적절한 주의 조언에 그치되, 보호자의 의뢰가 있거나 비행 예방을 위해 필요하다고 인정될 때에는 계속하여 적절한 선도대책을 강구하여야 한다.'에 있다.

학교폭력 경찰에서의 처리절차

경찰훈방: 선도조건부훈방

경찰은 여성청소년과에 <선도심사위원회>를 두고 있다. 경찰의 내부위원과 지역사회의 명망있는 외부위원으로 구성되는데 범죄를 범한 소년에 대하여 선도조건부 훈방이나 즉결심판 등의 처분을 결정하고 청소년 가·피해자나 가출청소년 등에 선도와 지원을 담당하고 있다.

학교폭력 경찰에서의 처리절차

위원회는 위원장 1명을 포함하여 5명 이상으로 구성, 이 중 외부 위원을 2명 이상으로 하되, 성별을 고려. 위원장은 경찰서장으로 하고, 내부위원은 경찰서 여성청소년·생활안전·형사·수사과장 및 청문감사관 중에서 경찰서장이 지정하며, 외부위원은 의사, 변호사, 교사, 소년에 대한 조사시 참여 전문가, 청소년단체의 장 및 종사자 등 소년선도에 학식과 경험이 풍부한 전문가 중에서 경찰서장이 위촉

학교폭력 경찰에서의 처리절차

③ 경찰훈방: 선도조건부훈방

가해자가 초범이어야 하고, 피해자가 처벌을 원하지 않아야 하며, 피해자가 고소하는 등 입건 시에는 선도조건부 훈방이 불가. 집단이나 상습, 보복, 성범죄 등 죄질이 나쁜 경우에도 선도조건부 훈방의 적용대상에서 제외.

학교폭력 경찰에서의 처리절차

경찰에서의 처리 절차: 범칙금 통고처분

통고처분이란 법원에 의하여 자유형 또는 재산형에 처하는 과벌제도에 갈음하여 행정관청이 법규위반자에게 금전적 제재를 통고하고 이를 이행한 경우에는 당해 위반행위에 대한 소추를 면하게 하는 것. [경범죄처벌법]상 통고처분은 범칙자를 즉결심판에 회부하기에 앞서서, 범칙자가 경찰서장 등에 의한 범칙금 납부통고를 이행한 경우에는 즉결심판에 회부하지 않도록 하는 제도(동법 제8조)

학교폭력 경찰에서의 처리절차

경찰에서의 처리 절차: 범칙금 통고처분

통고처분은 형벌인 '벌금'이 '벌금에 해당하는 금액'인 범칙금으로 전환된다는 점에서는 형벌의 비범죄화 정신에 접근하고, 경제적 측면에서 볼 때에는 벌금과 마찬가지의 효과를 가지며, 징역형 등 자유형의 대상이 될 수 있는 위반행위까지도 그 대상이 된다는 점에서 최근의 형벌의 금전벌화 경향과도 그 맥을 같이 한다고 하겠다. 다만,「경범죄처벌법」제6조에 의하면 18세 미만의 자에게는 통고 처분을 할 수 없도록 규정되어 있기 때문에 소년 사건의 경우 만 18세만 해당된다고 하겠다.

학교폭력 경찰에서의 처리절차

경찰에서의 처리 절차: 즉결심판

경찰은 여성청소년과에 선도심사위원회를 두고 있으며 즉결심판청구를 결정한다. 선도조건부 훈방과 달리 즉결심판청구는 재범인 경우에도 적용가능하며 피해자의 처벌의사 혹은 입건 여부와도 무관하다. 이러한 소년 즉결심판청구는 경찰훈방처럼 경미한 사건에 적용된다. 만 14세 이상 19세 미만의 청소년이 저지른 범죄 중 20만원 이하 벌금형에 해당하는 경미한 사건에 대해서는 경찰서장이 판단하여 즉결 심판을 청구하고 있다.

학교폭력 경찰에서의 처리절차

경찰에서의 처리 절차: 즉결심판

구분	훈방	즉결심판
죄수	초범	죄수 관계 없음(재범도 가능)
처벌의사	피해자 처벌 불원(합의 등)	피해자 처벌의사 관계 없음
입건	고소 등 입건 시 불가 (피신조서 작성 시 불가)	입건 여부 관계 없음 (피신조서 작성해도 무방)
공통사항	경미 사안(선고형 20만원 이하 벌금사안에 해당), 개전의 情(반성·사과 등) 등	

학교폭력 경찰에서의 처리절차

경찰에서의 처리 절차: 소년부 송치

형벌 법령에 저촉되는 행위를 한 10세 이상 14세 미만의 촉법소년은 경찰서장이 직접 소년부에 송치하여야 하며 「소년법」상 우범소년에 대해서도 소년보호사건으로 하여 관할 소년부에 송치한다.

국가별 촉법소년 상한 연령

- 한국: 14세 미만
- 일본: 14세 미만
- 독일: 13세 미만
- 프랑스: 13세 미만
- 영국: 10세 미만
- 스코틀랜드: 8세 미만
- 미국 일부주: 7세 미만

소년부에 송치되는 범죄소년?

학교폭력 경찰에서의 처리절차

경찰에서의 처리 절차: 소년부 송치

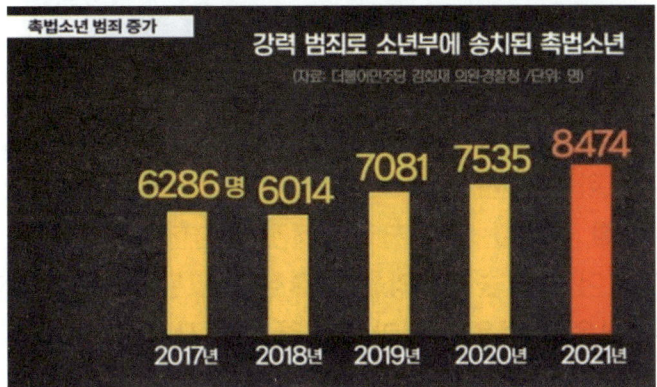

학교폭력 경찰에서의 처리절차

경찰에서의 처리 절차: 소년부 송치

경찰서장이 소년 보호사건을 법원에 송치하는 경우에는 소년보호사건 송치서를 작성하여 사건기록에 편철하고 관계서류와 증거물을 관할 가정법원 소년부 또는 지방법원 소년부에 송부해야 한다.

학교폭력 경찰에서의 처리절차

경찰에서의 처리 절차: 검찰청 송치

「소년업무규칙」에 의하면 경찰은 소년 사건에 대하여 범죄혐의가 있으면 이를 검찰에 송치한다. 경찰관은 범죄소년 사건을 입건하여 수사한 결과 혐의가 인정되는 경우에는 관할 지방검찰청 검사장 또는 지청장에게 송치하여야 한다는 조항이 남아있어 전건송치주의를 규정하고 있다. 만약 불송치 하는 경우 이유를 적은 서면과 증거물을 검사에게 송부한다.

학교폭력 경찰에서의 처리절차

경찰에서의 처리 절차: 검찰청 송치

검사는 송부받은 날로부터 90일 이내에 증거물 등을 반환해야 한다. 경찰 수사 결과 피의 소년에 대한 혐의가 없거나(범죄 인정 안됨, 증거불충분) 죄가 안됨, 공소권이 없음, 각하에 해당되는 경우에는 검찰에 송치하지 않는다. 소년에 대한 형사사건에 관하여는 「소년법」에 특별한 규정이 없으면 일반 형사사건의 예에 따른다.

제2장 사법적 처리절차

4. 검찰에서의 학교폭력 처리절차

정재준
학교폭력전문TV

검찰에서의 학교폭력 사건 처리절차

| 우범소년 (10~18세) | 촉법소년 (10~13세) | 범죄소년 (14~18세) |

경찰·보호자·학교 또는 복리시설의 장

- 소년분류심사원
- 보호자

법원소년부 → 보호처분

형사법원 → 형사처분 → 검찰

송치·통고 / 실리진행 / 위탁 / 송치 / 기소

검찰에서의 학교폭력 사건 처리절차

소년업무규칙(경찰청 예규)

제21조(비행소년 사건 송치) ① 경찰관은 **범죄소년** 사건을 입건하여 수사를 종결하였을 때에는 관할지방검찰청 **검사장 또는 지청장**에게 송치하여야 한다.

② 경찰서장은 **촉법소년과 우범소년에** 대해서는 소년보호사건으로 하여 관할 **소년부에 송치**하여야 한다.

검찰에서의 학교폭력 사건 처리절차

경찰의 소년사건 전건송치주의

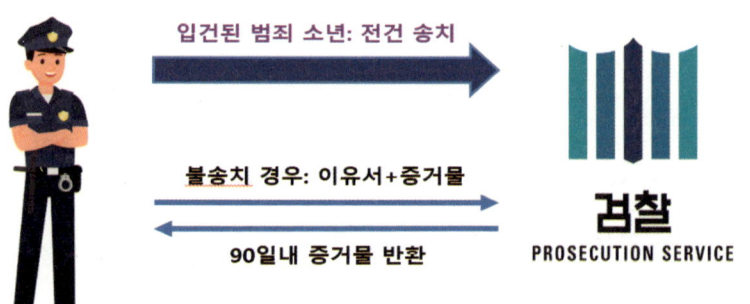

검찰에서의 학교폭력 사건 처리절차

경찰의 소년사건 전건송치주의

- **무혐의**: 증거불충분
- **죄가안됨**: 정당방위
- **공소권없음**: 공소시효완성
- **각하**: 요건의 흠결이나 부적합
- **불송치** 경우: 이유서+증거물

← 90일내 증거물 반환 →

검찰
PROSECUTION SERVICE

검찰에서의 학교폭력 사건 처리절차

경찰의 소년사건 전건송치주의

- **무혐의**: 증거불충분
- **죄가안됨**: 정당방위
- **공소권없음**: 공소시효완성
- **각하**: 요건의 흠결이나 부적합
- **불송치** 경우: 이유서+증거물

검사는 불송치 사건이 위법, 부당한 때에는 재수사 요청

검찰
PROSECUTION SERVICE

검찰에서의 학교폭력 사건 처리절차

- 불기소처분
- 조건부 기소유예
- 공소제기
- 소년부 송치

검찰에서의 학교폭력 사건 처리절차

- 불기소처분
  → 증거불충분, 죄가안됨, 무혐의 공소권없음, 각하

검찰에서의 학교폭력 사건 처리절차

선도 조건부 기소유예
1. 범죄예방자원봉사위원의 선도
2. 소년의 선도·교육과 관련된 단체·시설에서의 상담·교육·활동 등의 선도를 받게 하는 조건

조건부 기소유예 부모(보호자) 동의 필수

① 소년범의 연령
② 기소유예·보호처분 전력 유무
③ 반성 유무(수사 초기부터 혐의를 인정했는지)
④ 재범가능성이 낮을 것
⑤ 피해회복을 위한 노력 등을 고려

검찰에서의 학교폭력 사건 처리절차

조건부 기소유예

조건부 기소유예 처분을 받는 경우에는 해당 소년과 부모는 서약서를 작성하여야 하고, 6개월 내지 1년 미만의 기간 동안 법무부 산하의 법사랑위원회 위원이나 보호관찰관과 매달 1회 정도 면담을 갖거나 청소년 상담복지센터의 기소유예 프로그램에 참여해야 하는 등 검사가 부과한 선도 조건을 성실히 이행하여야 한다.

검찰에서의 학교폭력 사건 처리절차

조건부 기소유예

선도 조건을 성실히 이행하지 않는 경우에는 기소유예 처분은 취소되고 검사의 결정으로 정식 기소될 수 있다. 또한 기소유예 처분은 단지 기소를 유예시킨 것으로서 추후 범죄를 저지르면 검사는 기존 유예한 사건을 기소할 수 있다.

검찰에서의 학교폭력 사건 처리절차

피의자가 미성년자라고 할지라도 그 동기와 죄질이 중대하여 형사처벌이 필요하다고 판단되면 검사는 기소처분을 할 수 있다.

공소제기   일반 형사법원의 재판

➔ 형사소송법 적용

검찰에서의 학교폭력 사건 처리절차

「소년법」 제49조(검사의 송치) 제1항

검사는 경찰로부터 송치 받은 소년 사건 혹은 직접 인지한 소년에 대한 피의사건을 수사한 결과 **벌금형 이하의 형에 해당하는 죄를** 저질렀거나 보호처분에 해당하는 사유가 있다고 인정한 경우에는 사건을 관할 소년부에 송치하여야 한다.

소년부 송치

검찰에서의 학교폭력 사건 처리절차

소년범 신병 처리

소년 형사절차에서는 성인에 대한 신병처리와 크게 다르지 않으나, 소년에 대한 구속영장은 부득이한 경우가 아니면 발부하지 못한다. 소년을 구속하는 경우에도 특별한 사정이 없으면 다른 피의자나 피고인과 분리하여 수용하여야 한다. 검사 또는 형사법원이 형사사건으로 다루던 소년사건을 소년법원에 송치하여 보호사건으로 처리하는 경우에는 소년을 구금하고 있는 시설의 장(소년분류심사원 등)은 검사의 이송 지휘를 받은 때로부터 법원 소년부가 있는 시·군에서는 24시간 이내에, 그 밖의 시·군에서는 48시간 이내에 소년을 소년부에 인도하여야 한다.

학교폭력 검찰에서의 처리절차

법사랑위원

선도조건부기소유예 대상청소년 및 범죄취약대상 청소년을 비롯한 범죄자에 대한 상담지도, 취업알선, 재정지원 등을 그 직무로 하고 법무부장관이 위·해촉하는 범죄예방활동분야의 민간자원봉사자를 말한다. 원래 명칭은 범죄예방위원이었다가 2014년 3월 3일, 범죄예방 본연의 업무를 중심으로 봉사활동을 활성화하고 국민으로부터 신뢰받는 봉사단체가 되도록 명칭 변경을 하여 법사랑위원이 되었다. 현재 법무부 훈령 제1015호에 준하여 운영되고 있다.

학교폭력 검찰에서의 처리절차

주된 처리 통계

- 불기소처분 28%
- 조건부 기소유예 25%
- 공소제기 9%
- 소년부 송치 38%

학교폭력 검찰에서의 처리절차

소년사범 형사사건 처리현황

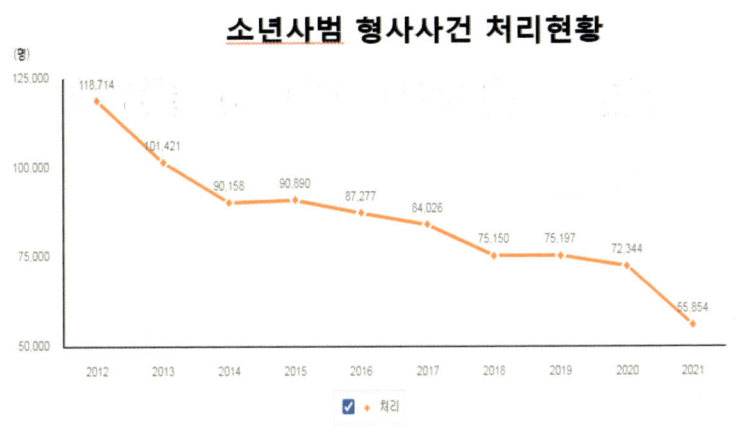

연도	처리
2012	118,714
2013	101,421
2014	90,158
2015	90,890
2016	87,277
2017	84,026
2018	75,150
2019	75,197
2020	72,344
2021	55,854

학교폭력 검찰에서의 처리절차

[단위 : 명]

		2012	2013	2020	2021
접수		119,122	100,891	72,613	54,146
처리	계	118,714	101,421	72,344	55,854
	구공판	5,315	5,197	4,949	3,692
	구약식	3,160	2,889	1,898	1,532
	불기소	64,053	50,089	27,200	15,413
	소년보호 사건송치	37,193	29,937	25,869	20,998
	기타	8,993	13,309	12,428	14,219

구공판/구약식 → 공소제기

기타 → (조건부)기소유예

제2장 사법적 처리절차

5. 법원 소년부에서의 처리절차

정재준
학교폭력전문TV

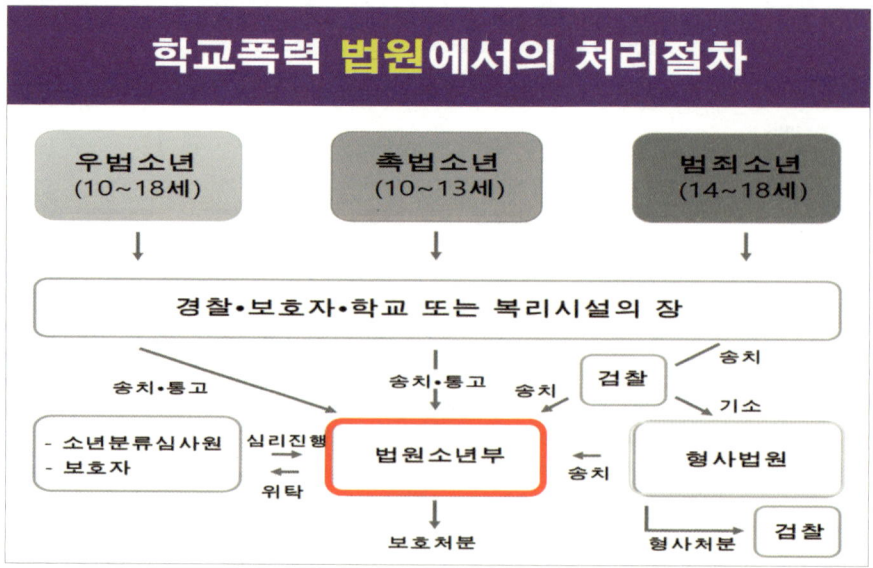

학교폭력 법원에서의 처리절차

당사자주의

	원고	피고	내용
① 법원소년부	직권주의		보호처분
② 형사법원	검사	가해학생	형사처벌
③ 행정법원	가해학생 또는 피해학생	교육장 (교육지원청)	심의위결정
④ 민사법원	피해학생	가해학생	손해배상

소년법원에서의 학교폭력 사건 처리절차

① 학부모
② 학교장
③ 경찰 (범죄소년, 전건송치주의)
④ 검찰 (PROSECUTION SERVICE)
⑤ 형사법원 (형사법원 송치)

학교폭력 검찰에서의 처리절차

[단위 : 명]

		2012	2013	2020	2021
접수		119,122	100,891	72,613	54,146
처리	계	118,714	101,421	72,344	55,854
	구공판 (공소제기)	5,315	5,197	4,949	3,692
	구약식	3,160	2,889	1,898	1,532
	불기소	64,053	50,089	27,200	15,413
	소년보호 사건송치	37,193	29,937	25,869	20,998
	기타	8,993	13,309	12,428	14,219

학교폭력 **법원**에서의 처리절차

소년법 제32조

보호처분

제1호 **보호자** 또는 보호자를 대신하여 소년을 보호할 수 있는 자에게 감호 위탁
제2호 **수강명령** 100시간 이내
제3호 **사회봉사명령** 200시간 이내
제4호 보호관찰관의 **단기(短期) 보호관찰** 1년
제5호 보호관찰관의 **장기(長期) 보호관찰** 2년 +
제6호 「아동복지법」에 따른 **아동복지시설**이나 그 밖의 소년보호시설에 감호 위탁 6개월 +
제7호 **병원**, 요양소 또는 「보호소년등의처우에관한법률」에 따른 의료재활소년원에 위탁 6개월 +
제8호 **1개월 이내의 소년원 송치**
제9호 **단기 소년원 송치** 6개월 이내
제10호 **장기 소년원 송치** 2년 이내

처분기록 삭제

▶ 심리불개시
▶ 불처분
▶ 형사법원에 이송 (검사)

소년법원에서의 학교폭력 사건 처리절차

① 학부모
② 학교장
③ 경찰 — 범죄소년 (전건송치주의)
④ 검찰 (PROSECUTION SERVICE)
⑤ 형사법원 — 형사법원 송치

소년법원에서의 학교폭력 사건 처리절차

처분 종류	내용	출결 또는 학적처리	기간(연장)	처분 연령
1호	보호자 또는 보호자를 대신하여 소년을 보호할 수 있는 자에게 감호 위탁	-	6월(+6월)	10세 이상
2호	수강명령	수업일수 인정	100시간 이내	12세 이상
3호	사회봉사명령	수업일수 인정	200시간 이내	14세 이상
4호	단기 보호관찰	수업일수 인정	1년	10세 이상
5호	장기 보호관찰	수업일수 인정	2년(+1년)	10세 이상

소년법원에서의 학교폭력 사건 처리절차

6호	아동복지법상의 아동복지시설, 기타 소년 보호시설에 감호위탁	위탁학생관리	6월(+6월)	10세 이상
7호	병원, 요양소 등 의료보호시설 위탁	위탁학생관리	6월(+6월)	10세 이상
8호	1개월 이내의 소년원 송치	수업일수 인정	1월 이내	10세 이상
9호	단기 소년원 송치	소년원 입교 시 입학·전학 또는 편입으로 처리 (위탁학생관리)	6월 이내	10세 이상
10호	장기 소년원 송치	소년원 입교 시 입학·전학 편입학으로 처리 (위탁학생관리)	2년 이내	12세 이상

제2장 사법적 처리절차

6. 형사법원에서의 처리절차

정재준
학교폭력전문TV

형사법원에서의 학교폭력 사건 처리절차

```
우범소년           촉법소년           범죄소년
(10~18세)         (10~13세)         (14~18세)
   ↓                ↓                ↓
   경찰·보호자·학교 또는 복리시설의 장
                                      송치
  송치·통고    송치·통고   송치   검찰
                                      기소
- 소년분류심사원   심리진행
- 보호자          ↔      법원소년부  ←  형사법원
                 위탁              송치
                      보호처분         형사처분 → 검찰
```

형사법원에서의 학교폭력 사건 처리절차

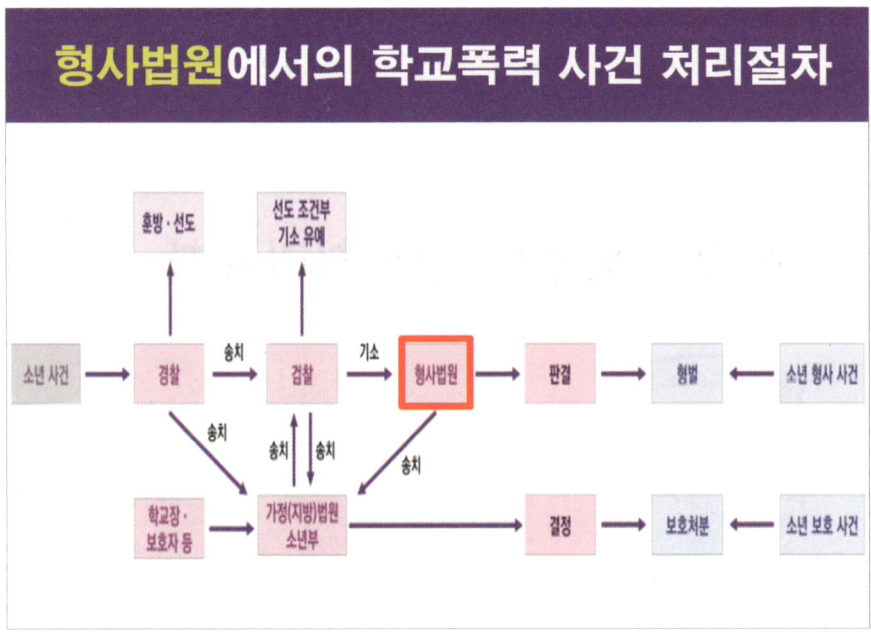

형사법원에서의 학교폭력 사건 처리절차

소년형사절차에서 구속영장과 재판의 집행은 원칙적으로 검사가 지휘한다. 검사가 소년 사건에 대하여 공소제기 결정을 하게 되면 성인과 같이 일반적인 형사절차가 진행되고 형사소송법이 적용된다.

Due Process

[적법절차]

- 묵비권
- 변호인 조력권
- 자백
- 피해자 대질
- 즉시 통지

형사법원에서의 학교폭력 사건 처리절차

소년범에 대한 특별한 보호

1. 절차 분리
소년에 대한 형사사건의 심리는 다른 피의사건과 관련된 경우에도 심리에 지장이 없으면 그 절차를 분리하여야 한다.

2. 온화한 사건 심리
소년에 대한 형사사건의 심리는 친절하고 온화하게 하여야 한다. 소년의 심신상태, 품행, 경력, 가정상황, 그 밖의 환경 등에 대하여 정확한 사실을 밝힐 수 있도록 특별히 유의하여야 한다.

형사법원에서의 학교폭력 사건 처리절차

소년범에 대한 특별한 보호

3. 소년 형벌의 완화
죄를 범할 당시 18세 미만인 소년에 대하여 사형 또는 무기형(無期刑)으로 처할 경우에는 15년의 유기징역으로 한다. 소년이 법정형으로 장기 2년 이상의 유기형(有期刑)에 해당하는 죄를 범한 경우에는 그 형의 범위에서 장기와 단기를 정하여 선고한다. 다만, 장기는 10년, 단기는 5년을 초과하지 못한다. 소년의 특성에 비추어 상당하다고 인정되는 때에는 그 형을 감경할 수 있다. 형의 집행유예나 선고유예를 선고할 때에는 부정기형을 적용하지 아니한다.

형사법원에서의 학교폭력 사건 처리절차

소년범에 대한 특별한 보호

4. 분리 수용

만일 재판에서 유죄가 확정되면 소년의 경우는 원칙적으로 소년교도소(국내 한 곳인 '김천소년교도소')에 여자 소년의 경우에는 국내 유일 여성 교도소인 청주여자교도소에 수용하게 된다. 19세 이상의 수형자와 19세 미만의 수형자를 같은 교정시설에 수용하는 경우에는 서로 분리하여 수용한다.

형사법원에서의 학교폭력 사건 처리절차

소년범에 대한 특별한 보호

5. 소년에 대한 유치 선고 금지

18세 미만인 소년에게는 「형법」 제70조에 따른 (노역장) 유치 선고를 하지 못한다. 징역 또는 금고를 선고받은 소년에 대하여는 특별히 설치된 교도소 또는 일반 교도소 안에 특별히 분리된 장소에서 그 형을 집행한다. 다만, 소년이 형의 집행 중에 23세가 되면 일반 교도소에서 집행할 수 있다.

제2장 사법적 처리절차

7. 민사법원에서의 처리절차

**정재준
학교폭력전문TV**

법원에서의 학교폭력 사건 처리절차

학교폭력으로 재물손괴, 치료비, 위자료 등 손해배상

① 가해자·피해자 합의
② 학폭 심의위 분쟁조정
③ 형사절차에서의 합의
　[형사조정·배상명령·화해]
④ 민사소송
⑤ 대체적분쟁해결 (ADR)

법원에서의 학교폭력 사건 처리절차

학교폭력으로 재물손괴, 치료비, 위자료 등 손해배상

③ 형사절차에서의 합의: 형사조정

형사조정제도는 지역사회 각 분야의 전문가들로 구성되어 검찰청에 설치된 '형사조정위원회'에서 조정하는 제도. 검사가 학교폭력 사건을 수사하고 처리할 때 형사조정 결과를 고려 가능. 형사조정이 성립되면 이 사실이 참작되어 해당 소년 사건에 대하여 불기소 처분을 내릴 수 있으며, 기소된 경우라도 형사조정의 성립을 고려하여 상대적으로 가벼운 처벌을 받게 될 수 있음. 이러한 형사조정제도에 대하여는 「범죄피해자보호법」에서 구체적으로 규정.

법원에서의 학교폭력 사건 처리절차

학교폭력으로 재물손괴, 치료비, 위자료 등 손해배상

③ 형사절차에서의 합의: 배상명령

학교폭력의 피해자는 가해학생, 그 감독 의무자(부모 등) 및 학교 등을 상대로 손해(치료비 및 위자료 등)에 대한 배상을 청구 가능. 학교폭력의 피해자는 가해자에 대한 형사재판 과정에서 형사법원에 배상명령을 신청함으로써 민사소송을 따로 제기할 필요 없이 간편한 방법으로 민사적인 손해배상명령을 받아낼 수 있음. 「소송촉진등에 관한 특례법」에서는 배상명령에 대하여 구체적으로 규정.

법원에서의 학교폭력 사건 처리절차

학교폭력으로 재물손괴, 치료비, 위자료 등 손해배상

③ 형사절차에서의 합의: 화해

'배상명령'은 형사재판에서 유죄판결을 '선고할 때', 학교폭력 사건으로 인하여 발생한 신체적·정신적·물질적 피해에 대한 배상을 명령하는 것인데 비하여, '민사상 다툼에 관한 형사소송절차에서의 화해'는 가해자와 피해자가 형사 유죄판결 '선고 이전'에 민사상 배상에 관한 합의를 하고 이 내용을 당사자의 신청으로 공판조서에 기재함으로써 확정판결과 같은 효력을 발생시킨다는 점에서 차이가 있음.

법원에서의 학교폭력 사건 처리절차

학교폭력으로 재물손괴, 치료비, 위자료 등 손해배상

③ 형사절차에서의 합의: 화해

형사피고사건의 가해학생과 피해학생 사이에 민사상 다툼에 관하여 합의한 경우, 가해자와 피해자는 그 피고사건이 계속 중인 제1심 또는 제2심 법원에 합의 사실을 공판조서에 기재하여 줄 것을 공동으로 신청할 수 있다. 이러한 형사소송절차에서의 화해 신청은 변론이 종결되기 전까지 공판기일에 출석하여 서면으로 하여야 한다.

학교폭력 법원에서의 처리절차
④ 민사법원: 학교폭력 배상책임

학교폭력의 가해자와 피해자가 자체적으로 합의에 이르지도 못하고, 학교폭력대책심의위원회의 분쟁조절절차상의 합의에 이르지도 못하였으며, 형사절차상의 여러 제도에 의해서도 피해자의 손해에 대한 배상이 제대로 이루어지지 않는 경우에는 법원에 민사소송을 제기하여 가해자 측으로부터 민사상 손해 배상을 받을 수 있다.

학교폭력 법원에서의 처리절차
④ 민사법원: 학교폭력 배상책임

「민법」 제750조
고의 또는 과실로 인한 위법행위로 타인에게 손해를 가한 자는 그 손해를 배상할 책임이 있다.

가해학생이 책임능력이 있다면 교사는 대리감독책임을 지지 않지만, 피해학생이 입은 손해가 교사의 가해학생 감독의무 위반과 상당한 인과관계가 있는 경우 손해배상책임을 질 수 있다. 이때 감독의무위반과 손해 사이의 상당인과관계는 피해학생이 입증해야 한다.

법원에서의 학교폭력 사건 처리절차

「민법」 제751조
타인의 신체, 자유 또는 명예를 해하거나 기타 정신상 고통을 가한 자는 재산 이외의 손해에 대하여도 배상할 책임이 있다.

「민법」 제752조
피해자의 생명을 해한 자는 피해자의 직계존속, 직계비속 및 배우자에 대하여는 재산상의 손해가 없는 경우에도 손해배상의 책임이 있다.

학교폭력 법원에서의 처리절차
④ 민사법원: 학교폭력 배상책임

「민법」 제753조
미성년자가 타인에게 손해를 가한 경우에 그 행위의 책임을 변식할 지능이 없는 때에는 배상의 책임이 없다.

변식 능력 = 변별력과 식별력
중학생 정도(약 15세)면 변식 능력 가능(판례)

학교폭력 법원에서의 처리절차
④ 민사법원: 학교폭력 배상책임

「민법」 제755조 제1항
다른 자에게 손해를 가한 가해학생이 변식할 지능이 없거나 심신상실 중에 학교폭력을 행사하여 책임이 없는 경우에는 그를 감독할 법정의무가 있는 자가 그 손해를 배상할 책임이 있다.

법정의무자 = 부모 또는 친권자

감독할 법정의무자가 가해학생에 대한 감독의무를 게을리 하지 않았음을 입증하면 피해학생에 대한 손해배상책임은 면책된다(제755조 1항 단서).

법원에서의 학교폭력 사건 처리절차

부모(감독자)의 감독의무 '상당한 인과관계' 부정

대법원 2003. 3. 28. 선고 2003다5061 판결

재수생으로서 학원에 다니며 수학능력평가시험을 준비하던 책임능력 있는 미성년자가 타인을 폭행한 사안에서 감독의무자인 부(아버지)에게 당해 미성년자에 대한 감독의무를 게을리 한 과실을 인정할 수 없다.

➡ 상당인과관계 없음
➡ 부의 책임이 아닌 그 재수생 손해배상 책임

법원에서의 학교폭력 사건 처리절차

부모(감독자)의 감독의무 '상당한 인과관계' 긍정

울산지방법원 2006. 12. 21. 선고 2005가단35270 판결

공립중학교의 가해 중학생들이 같은 반 급우를 집단 폭행한 사례에서 13세 전후의 **가해학생들이 변별력이 부족하여** 다른 학생을 폭행하거나 집단적으로 괴롭히는 등의 행위를 하지 않도록 교육하고 보호·감독해야 할 주의의무가 있다.

➡ 상당인과관계 있음

➡ 가해 중학생 책임 없음. 가해 부모들 손해배상 책임

법원에서의 학교폭력 사건 처리절차

부모(감독자)의 감독 의무 '상당한 인과관계' 긍정

대법원 1989. 5. 9. 선고 88다카2745 판결

<u>불법행위에 대한 책임을 **변식할 지능이 있는**</u> 만16세 고등학교 2학년에 재학중인 피고는 평소에도 같은 반의 급우는 물론 다른 아이들과 시비가 잦았었고 이 사건도 원고와 사소한 시비 끝에 일방적으로 구타하여 상해를 입혔다는 것이다. 이를 본다면 아버지로서 감독의무자인 피고 아버지의 일반적, 일상적 감독의무 해태가 긍정된다 할 것이다.

➡ 상당인과관계 있음

➡ 가해 고등학생과 그 부모 손해배상 책임

법원에서의 학교폭력 사건 처리절차

부모와 교사의 공동 '상당한 인과관계'

대법원 2007. 4. 26 선고 2005다24318 판결

초등학교 내에서 발생한 폭행 등 괴롭힘이 상당 기간 지속되어 그 고통과 그에 따른 정신장애로 피해학생이 자살에 이른 경우, 다른 요인이 자살에 일부 작용하였다 하더라도 가해학생들의 폭행 등 괴롭힘이 주된 원인인 이상 **상당인과관계가 인정**.

법원에서의 학교폭력 사건 처리절차

부모와 교사의 공동 '상당한 인과관계'

대법원 2007. 4. 26 선고 2005다24318 판결

부모의 보호·감독 책임은 미성년자의 생활 전반에 미치는 것이고, 부모에 대신하여 보호·감독의무를 부담하는 교사 등의 보호·감독 책임은 학교 내에서의 학생의 모든 생활관계에 미치는 것이 아니라 학교에서의 교육활동 및 이와 밀접 불가분의 관계에 있는 생활관계에 한하며, 이와 같은 대리감독자가 있다는 사실만 가지고 곧 친권자의 법정감독책임이 면탈된다고는 볼 수 없다고 하여 **부모들과 학교(교사)에게 공동불법행위자로서의 손해배상책임을 인정**.

법원에서의 학교폭력 사건 처리절차

부모와 교사의 공동 '상당한 인과관계'

학교폭력이 학교생활에서 통상 발생할 수 있다고 하는 것이 예측되거나 또는 예측가능성(사고발생의 구체적 위험성)이 있는 경우에는 교장이나 교사는 보호·감독 의무 위반에 대한 책임을 진다는 것이다. 나아가 교사가 책임을 지는 경우라도 친권자인 부모의 법정감독책임 면탈된다고 볼 수 없다는 것이다.

 상당인과관계 있음

 가해 부모들과 교사 공동 손해배상 책임

법원에서의 학교폭력 사건 처리절차

교사의 '상당한 인과관계' 범위

대법원 2007. 4. 26 선고 2005다24318 판결

학교의 교사는 학생들을 보호·감독할 의무를 지는 것이지만 이러한 학생에 대한 보호·감독 의무는 학교 내에서의 학생의 모든 생활관계에 미치는 것이 아니고 학교에서의 **교육활동 및 이와 밀접불가분의 관계에 있는 생활관계에 한하며**, 그 의무 범위 내의 생활 관계라 하더라도 교육활동의 때, 장소, 가해자의 분별능력, 가해자의 성행, 가해자와 피해자의 관계 기타 여러 사정을 고려하여 사고가 학교생활에서 통상 발생할 수 있다고 하는 것이 예측되거나 예측가능성이 있는 경우에 한하여 교사가 보호·감독 의무 위반에 대한 책임을 진다.

법원에서의 학교폭력 사건 처리절차

교사의 '상당한 인과관계' 부정

대법원 1999. 9. 17. 선고 99다23895 판결

고적 답사를 겸한 고교졸업여행 중 숙소 내에서 휴식시간에 학생들 사이의 폭력 사고로 말미암아 한쪽 눈을 실명한 사안에서, 학교 측의 안전교육이나 사전 지시에 따르지 않고 돌발적으로 벌어진 사고로서 예측가능성이 없었다는 이유로 교사에게 보호·감독 의무 위반의 책임을 물을 수 없다.

 교사의 상당인과관계 없음

 가해 학생의 손해배상 책임

법원에서의 학교폭력 사건 처리절차
대체적분쟁해결(ADR)

학교폭력의 손해배상을 위해서 민사소송을 제기할 수 있지만 민사소송 이외에도 화해·조정·중재의 방법도 있다. 화해·조정·중재는 법관이 사건을 판단해서 처분을 내리는 소송과는 달리 분쟁 당사자의 자율적인 의사에 따라서 사건을 해결하는 것으로 대체적 분쟁해결제도(Alternative Dispute Resolution)라는 명칭을 가지고 있다.

법원에서의 학교폭력 사건 처리절차
대체적분쟁해결(ADR)

1. (제소 전) 화해

학교폭력의 민사상 손해배상 다툼에 관하여 당사자는 **청구의 취지·원인과 다투는 사정을 밝혀 상대방이 있는 곳(보통재판적)의 지방법원에 화해를 신청할 수 있다**. 법원은 필요한 경우 대리권의 유무를 조사하기 위하여 당사자 본인 또는 법정대리인의 출석을 명할 수 있다. 화해가 성립된 때에는 법원사무관등은 조서에 당사자, 법정대리인, 청구의 취지와 원인, 화해조항, 날짜와 법원을 표시하고 판사와 법원사무관등이 기명날인 또는 서명한다. 화해가 성립되지 아니한 때에는 법원사무관등은 그 사유를 조서에 적어야 한다.

법원에서의 학교폭력 사건 처리절차
대체적분쟁해결(ADR)

2. 조정 ➔ (간이 민사소송)

학교폭력의 가해자 혹은 피해자는 손해배상에 관하여 법원에 조정을 신청할 수 있다. **당사자의 자주적·자율적 분쟁 해결 노력을 존중하면서 적정·공정·신속하고 효율적으로 해결함을 목적**으로 한다. 민사조정은 조정신청 즉시 조정 기일이 정해지고 또 한 번의 조정 기일에 조정이 끝나는 것이 일반적이기 때문에 정식재판에 비하여 시간과 비용이 절약된다. 민사 조정의 절차는 우선 민사 조정의 신청 → 민사조정기일 통지 → 민사 조정기일 → 민사 조정의 성립 순으로 진행된다. 이러한 민사 조정이 성립되면 재판상 화해와 마찬가지로 확정판결의 효력이 생기기 때문에 민사소송을 제기할 수 없게 된다.

법원에서의 학교폭력 사건 처리절차
대체적분쟁해결(ADR)

3. 화해권고 결정

법원·수명법관 또는 수탁판사가 **소송에 계속 중인 사건**에 대하여 직권으로 당사자의 이익, 그 밖의 모든 사정을 참작하여 청구의 취지에 어긋나지 아니하는 범위 안에서 사건의 공평한 해결을 위하여 내리는 결정을 말한다. 화해권고결정은 민사소송이 계속 중이면 가능하므로 심급에 관계없이 할 수 있고, 변론 절차나 변론 준비절차에서도 가능하다. 당사자는 화해권고결정의 조서 또는 그 결정서의 정본을 송달 받은 날로부터 2주 이내에 이의를 신청할 수 있다. 이의 신청이 적법하면 소송은 화해권고결정 이전의 상태로 돌아가고, 그 이전에 행한 소송행위는 그대로 효력을 갖는다.

제3부 학교폭력 예방정책

➜ 이 책은 학교폭력 예방정책을 통해서 이를 낮추기 위해 출간된 것이다. 다양한 예방정책의 효과는 있는 것인가?

[젊은이여! 노여움이 일면 그 결과를 생각하라! - (공자)]

제3부 목차

|1장| 일반 예방정책
1. 징후
2. 학부모 대응
3. 교사와 학생의 대응
4. 성폭력 대응

|2장| 사법부의 학교폭력 예방정책
1. 경찰
2. 검찰
3. 법원
4. 소년보호기관

|3장| 선진 각국의 예방정책
1. 미국
2. 일본
3. 영국
4. 핀란드

|4장| 우리나라 학교폭력 예방정책의 비전
1. 전 사회적 학교폭력 예방 대응 체계
2. 학생 참여 학교폭력 예방 대책
3. 가해 학생 교육 및 선도 강화 대책
4. 피해 학생 보호 및 치유 시스템 강화

제3부 학교폭력 예방정책

제1장 일반적 학교폭력 예방대책

1. 학교폭력의 징후

정재준
학교폭력전문TV

1. 일반적 학교폭력 예방 대책

- 학교폭력의 징후
- 학부모 대응책
- 교사·학생의 대응책
- 성폭력 대응책

1. 일반적 학교폭력 예방 대책

학교폭력의 징후

불이 날 때
먼저 연기가 핀다

학교폭력의 징후

1. 학교폭력 징후 발견하기

- **감지**: 피해학생의 행동이나 태도 등을 보고 학교폭력이라고 느끼어 알게 되는 것
- **인지**: 피해학생과의 상담, 담임교사의 연락, 친구 또는 목격자로부터의 신고, 경찰서 등 기관 통보 등으로 학교폭력 사안을 알게 되는 것

학교폭력의 징후

2. 신체적, 정서적으로 정확한 상태를 파악하기

- **신체적 피해**: 피해학생의 얼굴이나 손 등에 있는 멍이나 상처를 확인하고 피해 경위를 확인하기

- **정서적 불안**: 피해학생의 눈동자, 발음, 횡설수설, 손 떨림 등을 통하여 정서적 불안 확인하기

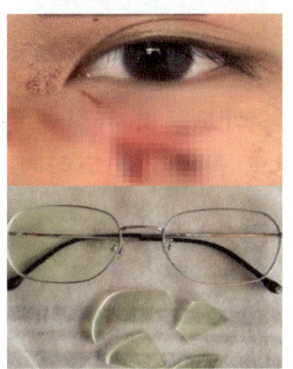

학교폭력의 징후

3. 피해학생의 학교폭력에 대한 대응 확인하기

- **피해학생 주위 사람에 대한 반응**: 전문상담사와의 상담 신청, 친구, 형제자매 또는 친인척에 대한 하소연

- **피해학생의 소지품에 대한 반응**: 피해학생의 일기장, 노트북, 휴대폰에서 '학교폭력,' '폭행,' '자살' 등의 검색어가 뜨는지 확인하기

학교폭력의 징후

4. 담임교사 등에게 해당 내용을 알리고(신고), 사실 확인 요청

- 학교폭력 사실을 감지 내지 인지한 경우 담임교사, 학부모 등에게 신고하기

- 교사는 학교 전담 기구(교감)에 이를 알리고 올바른 절차를 밟을 것

학교폭력의 징후 — 피해학생의 징후(예시)

- 안색이 안 좋고 평소보다 기운이 없다.
- 학교생활 및 친구관계에 대한 대화를 시도할 때 예민한 반응을 보인다.
- 갑자기 짜증이 많아지고 가족이나 주변 사람들에게 폭력적인 행동을 한다.

학교폭력의 징후

피해학생의 징후(예시)

- 작은 자극에도 놀라거나, 쉽게 잠에 들지 못하거나 화장실에 자주 간다.
- 학교나 학원을 옮기는 것에 대해서 이야기를 꺼낸다.
- 용돈을 평소보다 많이 달라고 하거나 스마트폰 요금이 많이 부과된다. 또한 스마트폰을 보는 자녀의 표정이 불편해 보인다.

학교폭력의 징후

집단 따돌림에 노출된 자녀의 징후(예시)

- 늦잠을 자며 학교에 가기 싫어한다.
- 사사건건 신경질적으로 반응한다.
- 머리나 배 등이 자주 아프다고 호소한다.
- 도시락을 먹지 않았거나 혼자 먹었다고 이야기한다.
- 관심을 가지고 물어보면 별일 아니라고 둘러댄다.

학교폭력의 징후

집단 따돌림에 노출된 자녀의 징후(예시)

- 종종 몸에 상처가 있거나 옷이 찢어져서 집에 돌아온다.
- 초조한 기색과 무언가 두려워하는 것 같이 행동한다.
- 급우들에 대해 담임교사의 편애를 지적한다.
- 용돈이 적다고 투정을 부리고, 부모의 지갑에 손을 댄다.
- 교과서가 없거나 책상, 노트, 가방 등에 낙서가 있다.

학교폭력의 징후

가해학생의 징후(예시)

- 부모와 대화가 적고, 반항하거나 화를 잘 낸다.
- 친구관계를 중요시하며 귀가시간이 늦거나 불규칙하다
- 자신의 문제 행동에 대해서 이유와 핑계가 많고, 과도하게 자존심이 강하다.

학교폭력의 징후 — 가해학생의 징후(예시)

- 성미가 급하고, 충동적이며 공격적이다.
- 자신의 문제 행동에 대해서 이유와 핑계가 많다.
- 옷차림이나 과도한 화장, 문신 등 외모를 과장되게 꾸며 또래 관계에서 위협감을 조성한다.

학교폭력의 징후 — 가해학생의 징후(예시)

- 폭력과 장난을 구별하지 못하여 갈등상황에 자주 노출된다.
- 평소 욕설 및 친구를 비하하는 표현을 자주한다.
- 흡연, 음주, 결석 등 비행 등이 함께 나타난다.

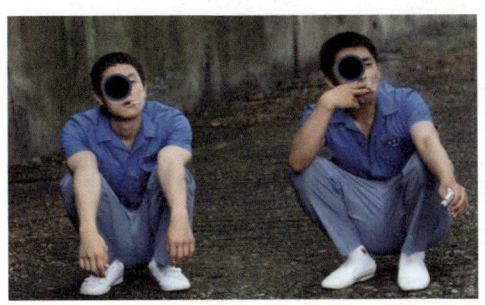

학교폭력의 징후 — 사이버 폭력의 징후(예시)

- 불안한 기색으로 정보통신기기를 자주 확인하고 민감하게 반응한다.
- 단체 채팅방에서 집단에게 혼자만 반복적으로 심리적 공격을 당한다.
- 용돈을 많이 요구하거나 온라인 기기의 사용요금(아이템 구입)이 지나치게 많이 나온다.

학교폭력의 징후 — 사이버 폭력의 징후(예시)

- 부모가 자신의 정보통신기기를 만지거나 보는 것을 극도로 싫어하고 민감하게 반응한다.

- 온라인에 접속한 후, 문자메시지나 메신저를 본 후에 당황하거나 정서적으로 괴로워 보인다.

- SNS의 상태 글귀나 사진 분위기가 갑자기 우울하거나 부정적으로 바뀐다.

학교폭력의 징후 | 사이버 폭력의 징후(예시)

- 컴퓨터 혹은 정보통신기기를 사용하는 시간이 지나치게 많다.
- 잘 모르는 사람들이 자녀 이야기나 소문을 알고 있다.
- 자녀가 SNS계정을 탈퇴하거나 아이디가 없다.

제1장 일반적 학교폭력 예방대책

2. 학부모 대응책

정재준
학교폭력전문TV

---

1. 일반적 학교폭력 예방 대책

학부모 대응책

아이가 중 1학년이면
엄마도 중 1학년

학부모 대응책

학교폭력을 대하는 학부모들의 바람직한 역할

감정적 대응(X) 이성적 대응, 조언과 정보 수집

자포자기 심정(X) 훨씬 나은 방향 해결책 있다!

폭력에 대한 회피, 떠넘기기(X)
 자녀의 문제는 결국 학부모 문제

학부모 대응책

학교폭력을 대하는 학부모들의 바람직한 역할

정확한 현상 이해하기(O)

아이에 대한 공감적 지지(O)

학교와 담임 교사에 대한 신뢰(O)

학부모 대응책

자녀가 미디어에 중독되기 쉬운 가정

- 대화가 없는 가정일수록 ...
- 간섭이 많은 부모일수록 ...
- 스트레스를 많이 주는 가정일수록 ...
- 애정 표현이 없는 부모일수록 ...
- 긴 시간 컴퓨터 게임을 즐기는 부모일수록 ...

학부모 대응책

따돌림에 노출된 피해 자녀 대처방안

- 자녀와 자주 대화하고, 귀 기울여 들어주기
- 따돌림을 당한 사실(이유, 가해자, 상태)을 확인하기
- 자녀의 분노를 자연스럽게 표출하도록 도와주기
- 자녀에게 함께 노력하여 이겨내자고 말해주기

학부모 대응책 — 따돌림에 노출된 피해 자녀 대처방안

- 자녀가 긍정적 사고로 희망을 갖도록 용기를 주기
- 부모가 할 수 있는 일을 함께 상의하고, 믿음을 주기
- 담임교사와 상의하여 전문 기관에 도움을 요청하기

학부모 대응책 — 사이버폭력에 노출되지 않도록 자녀 **예방**하기

● 내 자녀도 가해자가 될 수 있음을 인정하고, 온라인에서 만난 사람도 존중하도록 지도한다.

온라인 예절 지키기

ⓐ 바른말 고운말 적기
ⓑ 초상권 침해 주의하기
ⓒ 저작권 보호하기
ⓓ 게시판, 채팅창에서 대화 예절 지키기

학부모 대응책
사이버폭력에 노출되지 않도록 자녀 예방하기

● 일상생활에서 자녀들이 바른 언어습관을 기르도록 돕는다.

- ⓐ 폭력적 언어 사용 중단
- ⓑ 비아냥, 비판적 언어 사용 중단
- ⓒ 줄임말, 은어, 유행어 사용 주의
- ⓓ 칭찬이나 바른 언어 사용

학부모 대응책
사이버폭력에 노출되지 않도록 자녀 예방하기

● 사이버폭력이나 기타 온라인 이슈에 대해 자주 대화한다.

학부모 대응책 — 사이버폭력에 노출되지 않도록 자녀 예방하기

● 부모의 주민번호(개인정보)를 온라인상에서 사용하지 못하도록 관리한다.

학부모 대응책 — 사이버폭력에 노출되지 않도록 자녀 예방하기

● 컴퓨터는 거실에 두어 가족들이 함께 사용하도록 하고, 스마트폰의 사용 시간을 정해 놓는다.

학부모 대응책

사이버폭력에 노출되지 않도록 자녀 예방하기

● 자녀의 온라인 활동에 관심을 갖고 주의 깊게 살핀다.

학부모 대응책

사이버폭력에 노출되지 않도록 자녀 예방하기

● 컴퓨터와 스마트폰에 음란 폭력물 차단 프로그램과 언어폭력 경고메시지 수신서비스를 설치한다.

⚠️ 유해 사이트 차단

인터넷 통신망 자동 차단 무력화 방지 100%

 음란 동영상 차단   음란 동영상 검사

📊 음란물 접속 통계보고서   게임/P2P등 프로그램 차단

소프트웨어차단 크린아이 PLUS + 설치 시 이용가능

학부모 대응책
사이버폭력에 노출되지 않도록 자녀 예방하기

● 너무 어린 나이에 스마트폰에 노출되지 않도록 한다.

학부모 대응책
사이버폭력에 노출된 피해 자녀에 대한 대응방안

■ 피해 사실을 인지했을 경우 흥분하지 말고 침착하게 대응한다.

학부모 대응책 — 사이버폭력에 노출된 피해 자녀에 대한 대응방안

■ 자녀의 심리상태에 공감해주고, 자녀가 수치심이나 자책감에 빠지지 않도록 정서적으로 안정시킨다.

학부모 대응책 — 사이버폭력에 노출된 피해 자녀에 대한 대응방안

■ 사이버폭력이 오프라인 폭력으로 번질 가능성에 대비해 자녀를 주의 깊게 관찰한다.

학부모 대응책
사이버폭력에 노출된 피해 자녀에 대한 대응방안

■ 가해자를 직접 만나거나 보복하려 하지 않는다.

학부모 대응책
사이버폭력에 노출된 피해 자녀에 대한 대응방안

■ 사실을 객관적으로 파악하고 증거자료를 확보한다.

사이버 자료
◆ 이메일, 채팅한 내용, 게시판 글 등을 화면 캡처 또는 출력

핸드폰 자료
◆ 문제 메시지 보관 및 출력, 음성메시지 보관 및 녹음

사진 자료
◆ 몸에 멍이 들거나 증거자료 될 수 있는 것 등

녹취
◆ 상대방의 말을 녹음(정보통신기반 보호법에 유의)

진술서 기록
◆ 폭력 상황을 육하원칙에 따라 기록

학부모 대응책 — 사이버폭력에 노출된 피해 자녀에 대한 대응방안

■ 피해 정도가 심각하다고 판단될 경우, 학교에 도움을 요청한 후 신중하게 고려해 경찰에 신고한다.

학부모 대응책 — 사이버폭력에 노출된 피해 자녀에 대한 대응방안

■ 신고 후에는 학교 및 경찰과 연락을 취하며 전체 처리 과정을 확인하며 대응한다.

학부모 대응책

사이버폭력에 노출된 피해 자녀에 대한 대응방안

■ 피해 아동을 위한 교육이나 치료에 **부모도 함께 참여**한다.

제1장 일반적 학교폭력 예방대책

3. 교사와 학생의 대응책

정재준
학교폭력전문TV

1. 일반적 학교폭력 예방 대책

교사·학생의 대응책

대응은 빠를 수록 좋다!

1. 일반적 학교폭력 예방 대책

교사의 대처방안 3단계

▶ 위기발생을 사전에 예측하여 예방 관리
▶ 다양한 형태의 학교폭력 예방 교육

1단계 사전 관리

1. 일반적 학교폭력 예방 대책

교사의 대처방안 3단계

▶ 위기발생 직후 피해 최소화
▶ 적절한 조치와 신속한 해결

2단계 발생시 관리

1. 일반적 학교폭력 예방 대책

교사의 대처방안 3단계

▶ 2차 피해와 재발방지
▶ 위기 교육 활동

3단계
사후
관리

학생(급우)의 대처방안

학교폭력 목격(인지)한 친구(급우)들은 어떻게 대응해야 하는가?

나는 학교폭력 방관자 입니다.

학생(급우)의 대처방안

학교폭력 목격(인지)한 친구(급우)들은 어떻게 대응해야 하는가?

가해자
피해자
방관자? 방어자?

학생(급우)의 대처방안

목격 후 행동 (%)

- 때리거나 괴롭히는 친구를 말렸다. — 15.9%
- 가족, 선생님, 학교전담경찰관 등 주위에 알리거나 신고했다. — 11.2%
- 피해를 받은 친구를 위로하고, 도와주었다. — 36.4%
- 나도 같이 피해 학생을 괴롭혔다. — 1.9%
- 아무것도 하지 못했다. — 34.6%

학생(급우)의 대처방안

방관자의 이유

- 무섭고 괜히 나서면 나한테도 무슨 일이 생길까 싶어
- 귀찮은 상황에 말려들고 싶지 않아서
- 어리둥절한 상황이라 아무 생각이 나지 않아서
- 피해청소년을 좋아하지 않아서
- 별일 아니라고 생각해서
- 나쁘다는 것은 알지만 가해자가 내 친구라서
- 내가 아니어도 다른 누군가가 도와줄 거로 생각해서
- 기타(내가 할 수 있는게 없다. 내가 무엇인가를 한다 해도 달라질게 없다.)

학생(급우)의 대처방안   학생의 잘못된 믿음

▣ 또래 괴롭힘, 학교폭력이 나에게는 일어나지 않을 것이다.
→ 괴롭힘이나 학교폭력은 누구에게나 일어날 수 있다.

▣ 학교폭력인지 아닌지 확신이 없다.
→ 고통을 느끼는 모든 행위는 학교폭력으로 볼 수 있다.

▣ 학교폭력을 봐도 내가 할 수 있는 일은 없다.
→ 눈빛 한번, 말 한마디로도 학교폭력이 멈출 수 있다.

▣ 이정도 학교폭력은 일상으로 별일 아니라 생각했다.
→ 폭력에 둔감해지면 점점 더 심각한 학교폭력으로 발전한다.

1. 일반적 학교폭력 예방 대책

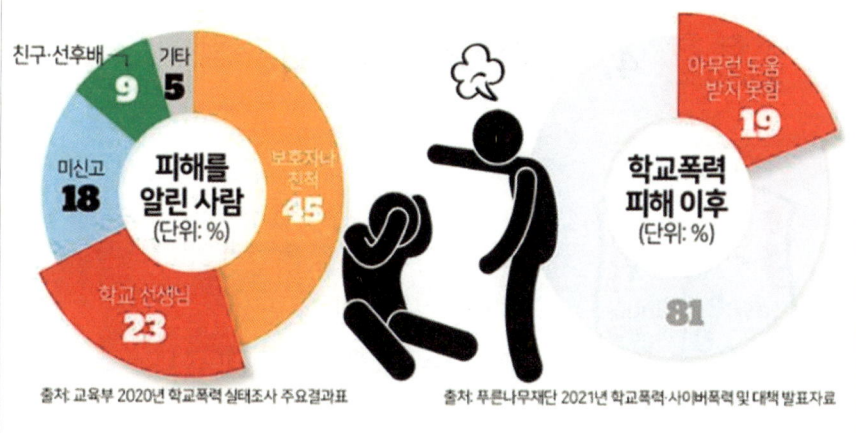

출처: 교육부 2020년 학교폭력 실태조사 주요결과표
출처: 푸른나무재단 2021년 학교폭력·사이버폭력 및 대책 발표자료

학교폭력 예방 대책

학교폭력 목격(인지)한 친구(급우)들은 어떻게 대응해야 하는가?

방관자가 아닌 방어자가 되라!

제1장 일반적 학교폭력 예방대책

4. 성폭력 대응책

정재준
학교폭력전문TV

1. 일반적 학교폭력 예방 대책

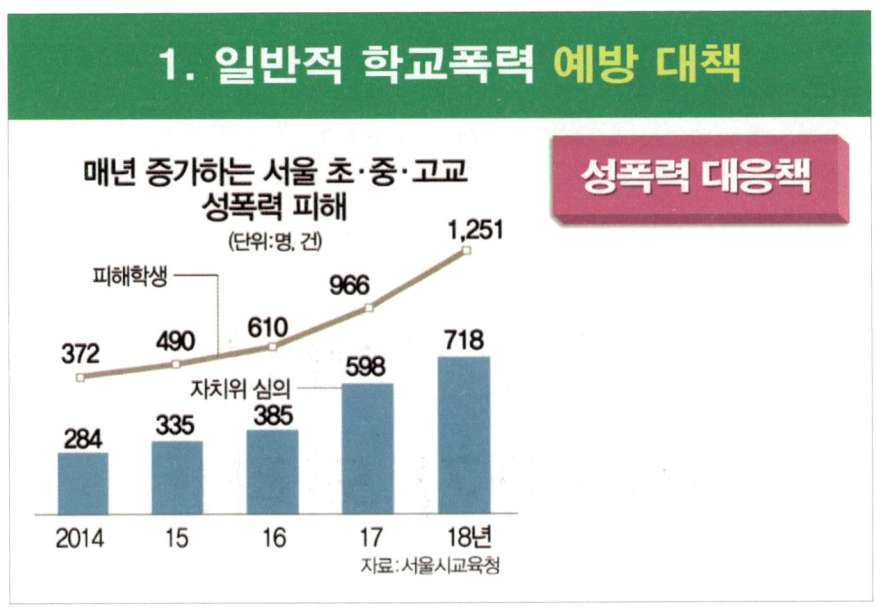

성폭력 대응책

- 학생 간 성폭력은 학교 폭력의 범위에 들며 '성폭력범죄처벌 및 피해자보호관련법'에 의해 처벌 가능

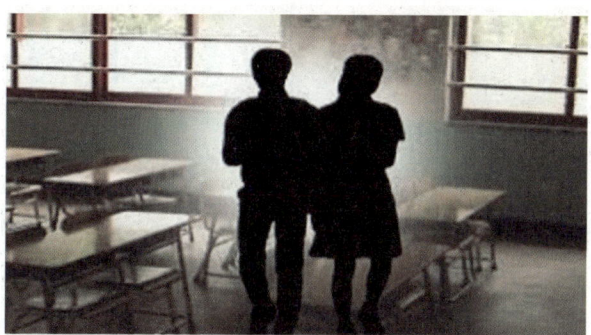

성폭력 대응책

- 댓글을 통해 수치심, 모욕, 불안을 조성하는 경우 이를 증거로 신고하면 언어적 폭력 및 정보 통신법 위반으로 처벌 가능

사이버 성폭력

성폭력 대응책

- 피해자가 만 13세 미만인 사람의 경우 폭행, 협박이 없이 동의한 가운데 이루어진 성적 폭력은 처벌 대상

성폭력 대응책

- 폭력 처리: 성폭력의 경우, 인지 즉시 경찰신고 및 피해학생 보호를 위해서 가해학생 격리조치(출석정지, 전학, 퇴학 등)

긴급조치 종류

구분	가능 조치
피해자	● 학교 내 외부 전문가에 의한 심리상담 및 조언 (1호) ● 일시보호(2호) ● 그 밖에 피해 학생의 보호를 위하여 필요한 조치 (6호)
가해자	● 피해 학생에게 문서 형식의 사과(1호) ● 피해학생 및 신고한 학생에 대한 접촉, 협박 및 복수행위 금지(2호) ● 학교에서의 봉사(3호) ● 학교 내 외부 전문가에 의한 특별 교육참가 또는 심리치료 (5호) ● 출석 정지 (6호)

성폭력 대응책

- 이성 간에는 말이나 행동을 조심해서 상대방에게 수치심을 느끼지 않게 하는 것이 중요(남녀 모두에게 해당)

성폭력 대응책

디지털 성범죄 예방 안내

○ **디지털성범죄로 인한 피해가 발생했을 때 대처 방법**
1. 피해인지 즉시 적극적으로 신고(피해 최소화 할 수 있음)
2. 증거를 수집(피해사실을 알게 된 경우 증거 수집이 가장 중요)
3. 유포된 사이트를 아는 경우에는 링크를 확보
4. 메신저 증거물이 있을 경우 캡처하고 채팅 방을 나가지 않아야 함
5. 디지털 성범죄 피해자를 지원하는 기관에 연락

성폭력 대응책

디지털 성범죄 예방 안내

○ 디지털 성범죄 피해자 지원 전문 기관 목록

- 여성가족부 디지털성범죄 피해자 지원센터 02) 735-8994
  (온라인게시판(https://www.women1366.kr/stopds)

- 한국사이버성폭력대응센터 02) 817-7959 (평일 10:00-17:00)

제2장 사법부의 학교폭력 예방 대책

- 경찰의 예방대책
- 검찰의 예방대책
- 법원의 예방대책
- 소년보호기관의 대응책

제2장 사법부 학교폭력 예방대책

1. 경찰의 예방대책

정재준
학교폭력전문TV

제2장 사법부의 학교폭력 예방 대책

학교폭력 방지 대책의 가장 중요한 주체는 **사법기관**

➔ 학교폭력을 행사한 가해자 학생은 다시 학교폭력을 저지르는 경우가 빈번하기 때문

➔ 사법부의 개입에 의해 처벌을 받은 뒤로도 학교폭력은 물론 범죄로 나아가는 재범률이 높다는 통계는 사법부의 재범방지대책이 중요하다는 반증

학교폭력 방지 대책의 가장 중요한 주체는 **사법기관**

보호관찰 중 재범 비율

구 분	실시인원			재범자			재범률(%)		
	합계	성인	청소년	합계	성인	청소년	합계	성인	청소년
2012년	97,886	50,312	47,574	7,736	2,046	5,690	7.9	4.1	12.0
2013년	96,574	51,604	44,970	7,329	2,316	5,013	7.6	4.5	11.1
2014년	95,198	54,964	40,234	7,023	2,778	4,245	7.4	5.1	10.6
2015년	96,419	59,474	36,945	7,368	3,063	4,305	7.6	5.2	11.7
2016년	100,995	66,866	34,129	7,971	3,776	4,195	7.9	5.6	12.3
2017. 7.	82,857	57,918	24,939	4,786	2,378	2,408	5.8	4.1	9.7
합계 (2012~2017.7.)	569,929	341,138	228,791	42,213	16,357	25,856	7.4	4.8	11.3

학교폭력 방지 대책의 가장 중요한 주체는 **사법기관**

○ 범죄소년(유형별)

연도	계(명)	강력범					절도	폭력	기타
		소계	살인	강도	성폭력	방화			
'17. 6월	35,427	1,144	5	131	928	80	9,707	10,755	13,821
'18. 6월	32,291	1,099	5	135	892	67	7,873	10,436	12,883
대비(%)	-8.9	-3.9	-	3.1	-3.9	-16.3	-18.9	-3.0	-6.8

○ 범죄소년(재범률)

구 분	'12년	'13년	'14년	'15년	'16년	'17년
재범률	37.3%	41.6%	37.8%	36.1%	34.4%	33.0%

경찰의 예방대책

학교폭력을 가장 먼저 접하는 경찰은 당사자들과 다양한 상호작용을 한다. 중요한 점은 학교폭력 발생 초기 대응에 사건 해결의 많은 실마리가 경찰의 재량에 달려있다.

1) 경찰의 범죄예방 교육
2) 학교전담경찰관의 학교폭력 예방 노력
3) 경찰 훈방
4) 전문가 참여제
5) 선도심사위원회
6) 가족협의제도
7) 사랑의 교실

경찰의 예방대책

1) 경찰의 범죄예방 교육

「소년업무규칙」 제6조: **경찰관의 범죄예방 교육**

1. 범죄예방교육 내용은 교육 대상자의 수준에 맞게 구성한다.
2. 범죄예방교육은 학교 및 관련 전문가, 전문단체와 협력하여 공동으로 진행할 수 있다.
3. 학교에서의 교육방법은 소규모 학급 단위 대면 교육을 원칙으로 하되 필요시 학년 또는 학교 단위 교육을 실시할 수 있다.

경찰의 예방대책

1) 경찰의 범죄예방 교육

「소년업무규칙」 제7조: **경찰관의 범죄예방 설명회**

경찰은 소년의 비행예방, 건전한 생활지도를 위하여 학교의 장과의 협의를 거쳐 교사, 학부모 등을 대상으로 범죄예방 설명회를 실시할 수 있다.

경찰의 예방대책

2) 학교전담경찰관의 학교폭력 예방 노력

「소년업무규칙」 제15조: **학교전담경찰관의 임무**

1. 학교폭력 예방교육 등 **사전 예방 활동**
2. 학교폭력대책자치위원회 위원으로 참석
3. 학교 내 일진 등 폭력 써클에 대한 정보 수집 및 해체·선도·관리
4. 학교폭력 피해사례 접수 및 가·피해학생 상담을 통한 지원 및 선도
5. 학교와 경찰서 간 연락체계 구축
6. 배움터지킴이·학교보안관·아동안전지킴이 등 학생보호인력과의 협력·연계를 통한 학교 내외에서의 학생 보호 활동
7. 학교 밖 청소년 탐색 및 학교 밖 청소년 지원센터 연계 등 지원
8. 아동학대·소년범죄 등 정보수집 및 가·피해 청소년 선도·지원

경찰의 예방대책

2) 학교전담경찰관의 학교폭력 예방 노력

「소년업무규칙」 제14조: **학교전담경찰관 학교와의 협력**

학교전담경찰관은 <u>담당 학교를 주기적으로 방문</u>하여 학교폭력 사안에 대해 학교와 유기적으로 협력하고 필요한 조치를 취한다.

경찰의 예방대책

3) 경찰 훈방

➡ 입건하지 않고 훈계하여 귀가조치

낙인방지

단순 훈방
소년범환경조사서, 비행성예측자료표, 수사보고서 작성 후 귀가

선도 조건부 훈방 ➡ **경찰 다이버전**

소년범 환경조사서								
인적사항	본적							
	주소							
	성명				성 명			
	연령				주민등록번호			
	직업				별 명			
가족사항	관계	성 명	연령	직업 및 수입		자 산		비 고
성장과정	성장과정		학력 경력		성격소행 변화			
	유아기(0~5)							
	아동기(6~13)							
	소년기(14~19)							
교우관계	성 명	연령	직 업	주		소		기타
	세 평							
	개전의 정 유무							
	기 타							
조 사 자		20 . . . ○○경찰서 사법경찰관(리) ○ ○ ○							

비행성예측자료표

인적사항	본적						
	주소						
	직업		성명			성별	
	생년월일		주민등록번호				
	보호자주소			성명			

	조사대상		조사내용		평점	해당표시
사회항목예측조사	1. 생계담당자		부 또는 모			
			기타			
	2. 가정결손		무			
			유			
	3. 의무교육		필			
			미필(불취학, 중퇴)			
	4. 장기결석 1주이상		무			
			유			
	5. 교우관계		친한 친구중에 직업없이 무위도식하는 친구 유무, 경찰에 단속되었던 친구 유무	「유」가	0	
					1	
					2	
	6. 가출경험		무			
		유	2회이상			
			3회이상			
	7. 14세미만시 비행유무		무			
		유	우범행위			
			촉법행위			
	종합판정법	항목범수	0-11	비행위험성이 낮다	항목점수	
		〃	12-20	〃 약간높다	( ) 점	
		〃	21-29	〃 높다	평가	
		〃	30이상	〃 아주높다		
	판정에 따른 처분의견	구공판		소년부송치		
		구약식		기소유예		
작성자	직위		성명			
검사확인	성명		타당		부당	

경찰의 예방대책

4) 전문가 참여제

학교폭력 사건 발생시 가해학생에 대한 전문가 참여 제도는 경찰 단계에서의 과학적 다이버전 전략에 있는 것이다. 사건 초기 범죄 심리 전문가의 참여로 작성된 <비행성예측자료표>의 결과가 재비행 위험성이 낮다고 판정되는 경우에는 형사입건 없이 훈방되고 보호자에게 인계가 가능한 것으로 처리된다.

경찰의 예방대책

4) 전문가 참여제

비교적 경미한 폭력사건으로서 재범의 가능성이 적은 가해학생에 대하여 경찰의 단순훈방보다 좀 더 과학적·적극적 개입을 위한 것이다. 경찰의 단순 훈방이 개별 경찰관의 즉흥적·주관적 판단에 따른 결과라는 것과 비교해 본다면 전문가 참여제는 **사법적 낙인이라는 부정적 영향을 최소화하면서도 형사처벌의 가능성이 근접해 있다는 위하 가능함을 알려줌**으로써 경찰 단계에서의 학교폭력 예방 효과를 극대화할 수 있다는 장점이 있다.

경찰의 예방대책

5) 선도심사위원회

경찰은 여성청소년과에 선도심사위원회를 두고 있다. 경찰의 내부 위원과 지역사회의 명망 있는 외부위원으로 구성된다.

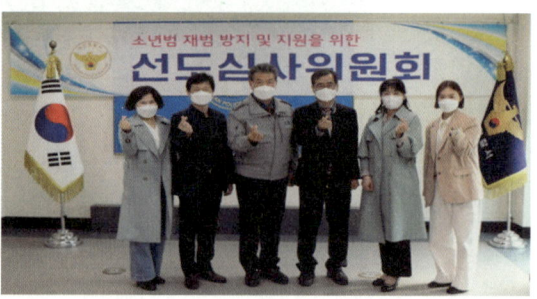

경찰의 예방대책

5) 선도심사위원회

학교폭력을 저지른 가해학생에 대하여 **선도 조건부 훈방이나 즉결심판 등의 처분을 결정하고 청소년 가해자·피해자나 가출청소년 등에 선도와 지원을 담당한다.**

학교폭력의 정도가 경미한 범죄 소년의 처우 및 선도 방안을 공정하고 합리적으로 심의하기 위해 경찰서장 소속으로 선도심사위원회를 두는 것이다.

경찰의 예방대책

5) 선도심사위원회

선도심사위원회는 **죄질이 경미한 범죄 소년에 대한 즉결심판 청구 여부와 해당 소년에 대한 선도프로그램 연계 등 맞춤형 선도 방안을 논의한다.**

경찰의 예방대책

6) 가족협의제도

성인보다는 소년 사법 분야에서 주로 적용·시행하는데 **가해자와 피해자 그리고 지역사회가 함께 참여하여 범죄사실과 범죄로 인해 야기된 피해에 대해서 논의하고 그것을 회복할 수 있는 방안을 결정하여** 시행하자는 것이다. 이 제도는 법원 단계에서의 회복적 사법과 비슷한 성격을 가지고 있어서 '경찰 단계에서의 회복적 사법'이라 칭할 수 있다.

경찰의 예방대책

6) 가족협의제도

학교폭력으로 인한 갈등 해결을 위해서는 가해학생과 피해학생 뿐 아니라 관련된 모든 사람들이 참석하여 해결하자는 취지로 특히 가족들도 함께 모여 문제 해결을 위해 머리를 맞댐으로써 **가급적 처벌보다는 화해의 방향으로 사건 해결을 도모하여 향후의 보복이나 원한을 제거함으로써 가해학생과 피해학생의 원활한 학교생활에 도움을 준다.**

경찰의 예방대책

7) 사랑의 교실

학교폭력 가해자에 대하여 일정한 교육을 통한 재사회화를 이루기 위하여 '사랑의 교실'이라는 일종의 '개입형 다이버전'을 실시하고 있다. 범죄 심리사의 재비행 위험성 분석 결과 재비행 저위험군은 경찰 단계 선도프로그램인 '사랑의 교실'에 위탁하여 선도 교육을 실시한다.

경찰의 예방대책

7) 사랑의 교실

개입형 다이버전으로 학교폭력의 가해소년에게 일정한 교육을 실시하여 또다시 <u>학교폭력을 범하는 것을 사전에 차단하고 조속한 재사회화</u>를 이루기 위하여 경찰이 실시하는 다이버전이다. 사랑의 교실 교육을 통한 학교폭력 가해자는 일반 소년 비행자들 보다 <u>재범률이 훨씬 낮게 나타나고 있다.</u>

경찰의 예방대책

7) 사랑의 교실

사랑의 교실 진행 프로그램에 대하여 예를 들자면, <마음열기> 프로그램의 경우 20분간 인사와 체조, 40분간 만남의 인사, 레크리에이션, 포스터게임 등으로 구성한다. 이 외에도 <이완하기: 노래부르기> 프로그램, <자기보기: 나바라보기> 프로그램, <자신감 키우기> 프로그램, <부모님 생각하기: 부모만나기, 편지쓰기> 프로그램 등이 있다.

제2장 사법부 학교폭력 예방대책

2. 검찰의 예방대책

정재준
학교폭력전문TV

2. 사법부의 학교폭력 예방 대책

검찰의 예방대책

처벌이 주된 사법 절차 과정으로 간주되는 검찰 단계에서는 상대적으로 비행 소년에 대한 범죄 예방 정책이 소극적이라고 할 수 있다. 그럼에도 불구하고 대표적인 검찰 단계에서의 학교폭력 예방 정책은 **선도조건부 기소유예제도**의 활용이라 할 수 있다. 이 외에도 **보호관찰소 선도위탁, 대안교육, 우범소년 결연사업** 등이 검찰 단계에서의 학교폭력 재범 방지 노력으로 볼 수 있는데 대부분 선도조건부 기소유예제도와 결합하여 운영한다.

검찰의 예방대책

선도 조건부 기소유예
1. 범죄예방자원봉사위원의 선도
2. 소년의 선도·교육과 관련된 단체·시설에서의 상담·교육·활동 등의 선도를 받게 하는 조건

조건부 기소유예 부모(보호자) 동의 필수

① 소년범의 연령
② 기소유예·보호처분 전력 유무
③ 반성 유무(수사 초기부터 혐의를 인정했는지)
④ 재범가능성이 낮을 것
⑤ 피해회복을 위한 노력 등을 고려

검찰의 예방대책

조건부 기소유예

조건부 기소유예 처분을 받는 경우에는 해당 소년과 부모는 서약서를 작성하여야 하고, 6개월 내지 1년 미만의 기간 동안 법무부 산하의 법사랑위원회 위원이나 보호관찰관과 매달 1회 정도 면담을 갖거나 청소년 상담복지센터의 기소유예 프로그램에 참여해야 하는 등 검사가 부과한 선도 조건을 성실히 이행하여야 한다.

검찰의 예방대책

조건부 기소유예

선도 조건을 성실히 이행하지 않는 경우에는 기소유예 처분은 취소되고 검사의 결정으로 정식 기소될 수 있다. 또한 기소유예 처분은 단지 기소를 유예시킨 것으로서 추후 범죄를 저지르면 검사는 기존 유예한 사건을 기소할 수 있다.

검찰의 예방대책

2) 보호관찰소 선도위탁

- 보호관찰소 선도위탁제도는 범죄예방위원에 의한 선도조건부기소유예제도와는 달리 **보호관찰소의 장이 선도업무를 관장**하고, 보호관찰소장은 선도대상자를 담당할 보호관찰관을 지정하여 선도하도록 되어 있습니다.

- 보호관찰소 선도위탁 방법은 보호관찰관이 **보호관찰소 선도조건부기소유예처분을 받은 사람을 선도교육, 상담, 봉사활동 체험 등 적절한 지도를 실시**하고 있습니다.

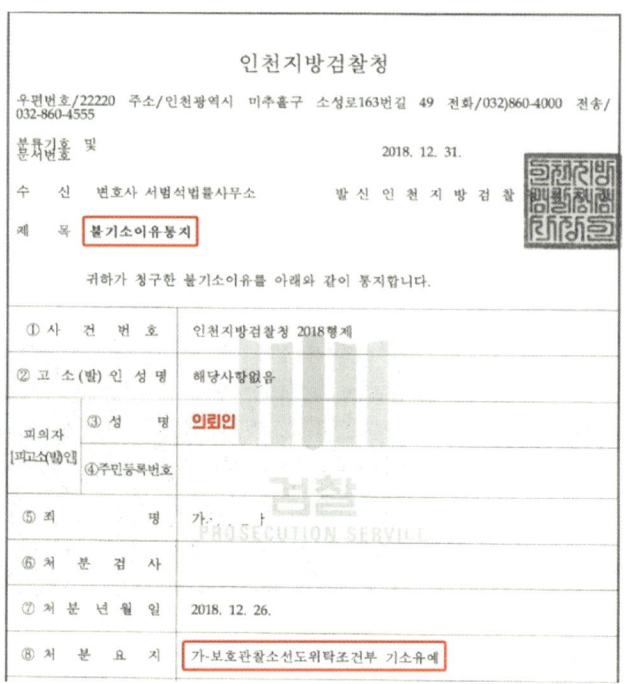

검찰의 예방대책

3) 대안교육

• **청소년꿈키움센터** ('07년 '대안교육센터'라는 명칭으로 6개 지역에 최초로 설치되었으며, 2013. 11. 청소년꿈키움센터로 명칭 변경하여 현재 서울 북부·남부 청소년꿈키움센터 등 전국에 16개의 센터가 있음)에서 교육, 사전 상담 후 학교폭력 등 문제 유형별 전문교육, 예절교육, 예술치료 등을 다양한 교육을 받도록 함으로써 재범방지, 인성개발 등의 측면에서 실효성을 거두고 있는 대안교육이수 조건부 기소유예 제도이다.

검찰의 예방대책

3) 대안교육 - 청소년꿈키움센터

검찰의 예방대책

3) 대안교육 - 청소년희망재단

- **청소년희망재단**
청소년희망재단 등 청소년단체의 전문가로부터 상담을 받게 하는 조건으로 소년범을 기소유예 처분하여 청소년 비행문제에 효율적으로 대처하는 상담조건부 기소유예 제도 등이 지역별 여건에 따른 다양한 조건부 기소유예제도를 시행하고 있다.

검찰의 예방대책

4) 검사 결정전 조사제도

2008. 6. 22. 소년법의 일부 개정으로 [검사결정전 조사제도](소년법 제49조의 2)를 도입하였고, 2013. 5. 8. 학교폭력 등 학생 사건에 대한 [교사의견 청취제도]를 시행하여, 소년 사건에 대한 검사 처분 선에 비행 원인 진단을 실시함으로써 다양한 조건부기소유예 제도 등과 연계하여 소년의 교화·개선에 가장 적합한 처분을 할 수 있도록 하고 있다.

검찰의 예방대책

5) 우범소년 결연 사업

우범소년결연사업은 학교폭력 등 청소년범죄에 효과적으로 대처하기 위하여 '95. 11. 1. 부터 서울, 부산, 광주, 제주지검 및 산하지청에서 시범적으로 실시하던 중 '95. 12. 6 국무총리 주관 하의 [학교 폭력근절대책 추진회의]에서 검찰의 추진 과제의 하나로 선정되어 전국적으로 확대 시행되게 되었다.

검찰의 예방대책

5) 우범소년 결연사업

이 사업은 **법사랑위원**이 교육기관 등의 협조 하에 우범 소년과 결연을 맺고 그들을 물심 양면으로 지원·선도하여 정상적인 학업과 생업에 복귀시킴으로써 소년범죄나 비행을 사전에 방지함을 그 목적으로 합니다. 결연대상자는 학교에서 퇴학·정학 등 징계처분을 받은 자와 폭력 써클에 가입하거나 학교주변에서 폭력을 행사하는 학생 중심으로 선정하도록 하고 있으며, 결연대상자는 선도결연회의를 통하여 선정하며, 결연 활동 중 소년이 소재불명되거나 선도에 불응하여 결연을 계속할 수 없을 경우에는 법원 소년부에 통고하도록 하고 있다.

검찰의 예방대책

5) 법사랑위원의 범죄예방 활동

선도 조건부 기소유예처분을 받은 소년을 물심양면으로 지원, 선도·보호하여 그들의 재범을 예방하고 나아가 국가사회에 기여하는 건전한 사회인으로 복귀시키고, 아울러 범죄예방활동을 통해 지역사회 발전에 기여함을 목적으로 하고 있다.

검찰의 예방대책

5) 법사랑위원의 범죄예방 활동

소년선도보호방법은 '접촉선도'와 '원호선도'로 구분할 수 있다. **접촉선도**라 함은 귀주처가 있는 유예 소년과 주기적이고 정기적인 만남, 대화, 고민상담·지도 등을 통해 소년의 반사회성을 교정하고, 정서를 순화하여 건전한 사회인으로 복귀시키는 선도 방법을 말한다.

검찰의 예방대책

5) 법사랑위원의 범죄예방 활동

소년선도보호방법은 '접촉선도'와 '원호선도'로 구분할 수 있다. **원호선도**라 함은 귀주처가 없거나 있더라도 귀주(귀가)시키는 것이 부적당한 유예 소년에 대하여 선도보호위원의 주거나 복지시설에서 기거하게 하고, 의·식·주를 제공하면서 선도

제2장 사법부 학교폭력 예방대책

3. 법원의 예방대책

정재준 학교폭력전문TV

---

2. 사법부의 학교폭력 예방 대책

법원의 예방 대책

분쟁해결 방법
[소년부 송치, 형사처벌 등 가해학생에 대한 결과적 처벌]

→

갈등해결 방법
[피해학생에 대한 심각한 **영향** 유발이라는 과정적 징계 절차]

↓

화해, 용서

←

회복적 사법
(Restorative Justice)

법원의 예방 대책

회복적 사법
(Restorative Justice)

- 가해학생의 폭행 원인에 대한 이해
- 피해학생의 고통에 대한 공감
- 가해학생과 피해학생이 소통하는 기회 마련
- 진정한 사과와 용서로 사건 마무리

법원의 예방 대책

회복적 사법

2007년 12월 「소년법」이 개정되면서 처음 도입되었으나 학교 현장에서는 거의 시행되지 못하고 있는 현실

제25조의3(화해권고) ① 소년부 판사는 소년의 품행을 교정하고 피해자를 보호하기 위하여 필요하다고 인정하면 소년에게 피해 변상 등 피해자와의 화해를 권고할 수 있다.
② 소년부 판사는 제1항의 화해를 위하여 필요하다고 인정하면 기일을 지정하여 소년, 보호자 또는 참고인을 소환할 수 있다.
③ 소년부 판사는 소년이 제1항의 권고에 따라 피해자와 화해하였을 경우에는 보호처분을 결정할 때 이를 고려할 수 있다.

제2장 사법부 학교폭력 예방대책

4. 소년보호기관의 예방대책

정재준
학교폭력전문TV

2. 사법부의 학교폭력 예방 대책

소년보호기관의 대응책

법무부 범죄예방정책국은 2021년 5월 3일 '초기 개입을 통한 선제적 소년범죄 예방정책 추진' 계획을 발표했다. 국가적·공식적 소년범죄에 대한 예방 정책을 세우고 집행하는 기관이 법무부 산하의 소년보호기관이다. 소년보호기관은 이렇게 반사회성이 있는 소년이 건전하게 성장하도록 돕는 것을 목적으로 하는 기관이다.

소년보호기관의 대응책

소년 사법의 이념을 실현하기 위하여 비행원인진단 비행예방교육 교정 교육 등의 임무를 수행하는 기관으로 **<진단기관>, <교육기관>, <수용·보호기관>** 등의 역할을 동시에 담당하고 있다. 현재는 법무부 산하 범죄예방정책국 소속의 범죄예방기획과에서 다양한 재범방지 프로그램을 도입하고 있으며, 청소년비행예방센터, 소년분류심사원, 소년원 등이 재범 방지 역할 담당기관으로 기능하고 있다.

소년보호기관의 대응책

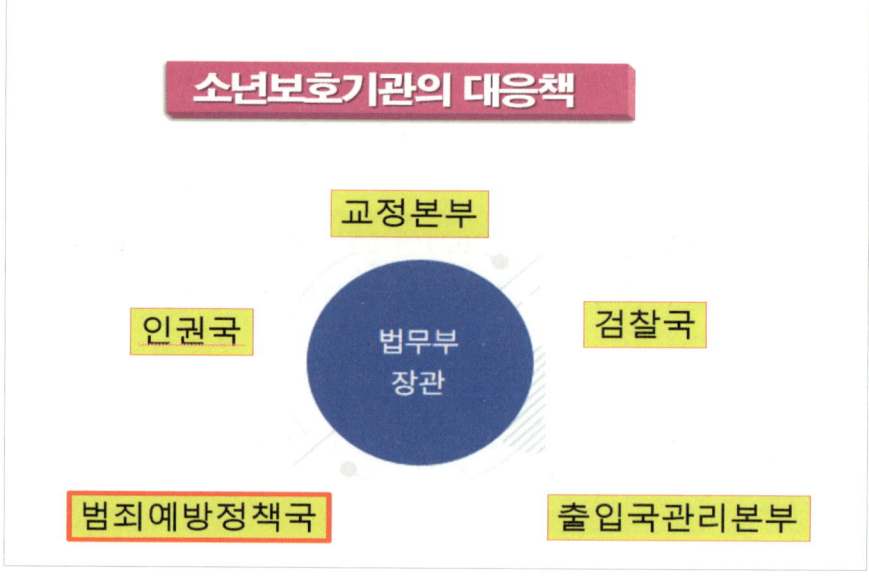

사법부의 학교폭력 예방 대책

소년보호기관의 대응책

「소년법」상 법무부 장관의 비행 예방 정책 추진 의무

제67조의2(비행 예방 정책) 법무부장관은 제4조제1항에 해당하는 자(이하 "비행소년"이라 한다)가 건전하게 성장하도록 돕기 위하여 다음 각 호의 사항에 대한 필요한 조치를 취하여야 한다.

1. 비행 소년이 건전하게 성장하도록 돕기 위한 조사, 연구, 교육, 홍보 및 관련 정책의 수립, 시행

2. 비행소년의 선도, 교육과 관련된 중앙행정기관, 공공기관 및 사회단체와의 협조 체계의 구축 및 운영

소년보호기관의 대응책

1) 청소년비행예방센터

청소년비행예방센터(대외 명칭이 '청소년꿈키움센터'를 사용)는 법무부 산하 범죄예방정책국 소속의 공적 기관으로 비행 초기 단계 청소년에 대한 비행 예방 및 인성 교육을 실시하는 기관으로 전국에 18개의 센터가 운영되고 있다.

소년보호기관의 대응책

1) 청소년비행예방센터

부산, 부산 동부, 울산, 창원, 대구, 광주, 순천, 전주, 대전, 천안, 청주, 춘천, 안산, 서울 남부, 서울 북부, 인천, 수원, 의정부 **청소년꿈키움센터** 등 전국 18개가 있고, 부산과 대전에 **솔로몬 파크** 2개가 있다.

소년보호기관의 대응책

1) 청소년비행예방센터

프로그램 명칭	대상	내용
대안교육	학교, 검찰, 법원 등에서 의뢰한 청소년 대상	폭력, 절도, 교통안전 등 비행유형별 전문교육과 역할극, 체험형 인성교육
상담 조사	법원에서 의뢰한 보호처분 대상 소년	심리검사, 조사관 면담, 유형별 전문교육 및 체험형 인성교육
보호자 교육	학교폭력 가해학생 보호자 등	청소년 자녀 이해, 소년 사건 처리절차, 학교폭력 이해 및 예방 [부모·자녀가 함께 참여하는 가족 교실 형태로 운영하기도 함]

프로그램 명칭	대상	내용
법체험 및 법교육	지역사회 청소년 대상	센터에 방문하여 법체험(모의법정 등) 및 진로체험, 센터 직원이 직접 찾아가는 학교폭력예방교육 등
회복 캠프	학교, 검찰, 법원 등에서 의뢰하는 청소년과 부모 등	레크리에이션, 가족헌법만들기, 의사소통 역할극 등으로 운영되는 가족캠프, 공감과 성장을 주제로 한 학교폭력 예방캠프 등
심리검사 및 상담	센터 교육생, 지역사회 청소년 등	심리검사 및 상담 실시
직무연수	교직원, 청소년 관련 단체 및 시설 종사자 등	청소년 문제행동 이해, 상담, 기법, 학교폭력 예방 및 대처 등

소년보호기관의 대응책

2) 소년분류심사원

「소년법」 제18조에 따라 법원 소년부에서 위탁한 소년 혹은 「보호관찰 등에 관한 법률」 제42조 1항에 따라 유치된 소년을 대상으로 한다. **소년분류심사원은 유치 소년을 수용하여 비행원인과 자질을 과학적으로 분석하여 법원의 조사 및 심리 자료로 제공하는 역할을 수행한다. 또한 보호자, 소년원, 보호관찰소 등에게 지도 방향 및 처우 지침 제시한다.** 현재 서울소년분류심사원이 유일한데, 전국에 미설치된 지역은 부산, 대구, 광주, 대전, 춘천, 제주 등 6개 소년원에서 분류심사원 기능을 대행한다.

소년보호기관의 대응책

2) 소년분류심사원

경기도 안양시 동안구 경수대로 500
청소년분류심사원

소년보호기관의 대응책

3) 소년원

법원 소년부에서 보호처분을 받은 만 10세 이상 19세 미만의 소년을 수용하여 초·중등교육, 직업능력개발훈련, 인성교육, 의료재활교육 등을 통하여 안정된 사회복귀를 지원하는 역할을 하고 있다. 법원 소년부에서 결정하는 보호처분은 비행청소년을 **처벌의 대상이 아닌 보호의 대상으로 이해 교육적 인도적 복지적 관점에서 형벌보다는 교육을 통한 사회복귀를 지향하는 형사처분에 관한 특별 조치로** 보호처분은 소년의 장래 신상에 어떠한 영향도 미치지 않는다.

소년보호기관의 대응책

3) 소년원

이 보호처분 중 제9호 처분은 단기 소년원 처분으로서 6개월 이내 보호 소년을 수용하여 범죄 예방과 학과 교육을 실시하며, 제10호 처분은 장기 소년원 처분으로서 2년 이내 보호 소년을 수용하여 범죄 예방과 학과 교육을 실시한다. 전국에 10개의 소년원이 존재한다.

소년보호기관의 대응책

3) 소년원

초·중등교육 소년원	서울·대구·전주· 안양 소년원	「초·중등교육법」에 의한 중·고등학교로 특성화교과(인성교육, 컴퓨터 또는 직업교육)를 전체 교육시간의 60% 내외로 운영하며 검정고시는 전국 소년원에서 실시
직업능력개발훈련 소년원	서울·부산·대구· 광주·청주·안양· 춘천·제주 소년원	「국민 평생 직업능력 개발법」에 따라 제과제빵, 헤어 디자인, 자동차정비, 용접, 한식 조리, 피부미용, 에너지 설비, 골프 매니지먼트 등의 과정을 운영

소년보호기관의 대응책

3) 소년원

의료재활교육 소년원	대전소년원	「소년법」 제32조 제1항 제7호 등에 따라 약물 오남용, 정신·지적발달장애, 신체질환 등으로 집중 치료나 특수교육이 필요한 보호 소년 교육
인성교육 소년원	8호 전주·청주·제주 소년원 9호 대구·광주·청주·춘천·제주 소년원	「보호소년 등의 처우에 관한 법률」 제3조에 따라 정서순화, 품행 교정 등 인성교육이 집중적으로 필요한 보호 소년을 교육하며 9호 처분 대상의 단기 인성 강화 교육과정 8호 처분 대상의 특수 단기 인성 강화 교육과정으로 구분

소년보호기관의 대응책

4) 소년범죄예방팀

2022년 7월 11일 법무부는 범죄예방정책국장 산하에 소년범죄예방팀을 신설하는 내용을 골자로 하는 '법무부와 그 소속기관 직제 시행규칙 일부 개정령안'을 입법예고

소년보호기관의 대응책

4) 소년범죄예방팀

① 소개

법무부, 소년범죄예방팀 신설

청소년 범죄는 처벌보다 예방이 중요

소년보호기관의 대응책

4) 소년범죄예방팀

소년범죄예방팀은
청소년 비행예방교육, 소년 보호관찰 제도
운영 등 소년사법정책 및 집행 전반을
관리하는 업무를 담당한다고 합니다.

소년보호기관의 대응책

③ 신설 동기

4) 소년범죄예방팀

사진출처 : 법률신문

그간 소년범죄 예방업무는 범죄예방정책국 산하 범죄예방기획과에서 해왔지만, 법무부는 소년범죄 예방의 중요성이 커지는 상황을 고려해 전담팀을 신설했다고 합니다.

소년보호기관의 대응책

③ 계획

4) 소년범죄예방팀

소년범죄예방팀은 일단 2025년 6월 30일까지 존속합니다. 전담팀 운영에 필요한 인력은 5급 2명, 6급 3명 등 5명으로, 법무부는 필요 인력의 직급을 상향 조정해 배정할 예정이라고 합니다.

제3장 선진 각국 학교폭력 예방대책

1. 미국의 학교폭력 예방대책

정재준 학교폭력전문TV

선진 각국의 학교폭력 예방 대책

학교폭력은 왜 일어나는가?

에밀 뒤르껭(Emile Durkheim)은 "폭력이란 사회적 기능이 약화되어 아노미(anomie)가 나타날 때 표출되는 법률 파괴 행위"라고 정의하면서 "사회적 유대(social solidarity)가 약해지는 곳에서 폭력이 빈발한다."

선진 각국의 학교폭력 예방 대책

학교폭력은 왜 일어나는가?

미셸 푸코(Paul Michel Foucault)는 "어느 사회든지 사물을 나누는 체계(system)가 존재하는데 그 체계에서 타인으로 분류되는 것에 관심을 가지며, 그들을 지배하고 그들의 소유물을 효과적으로 손에 넣기 위한 수단이 신체적 폭력"이라 하였다.

선진 각국의 학교폭력 예방 대책

학교폭력은 왜 일어나는가?

지그문드 프로이트(Sigmund Freud)는 "폭력이란 부상 혹은 파괴를 위한 물리적 힘의 행사로서 두 가지 수준으로 나타나는데 하나는 억압되지 않는 본능의 표출이고 다른 하나는 인간 상호간 갈등의 문화적 실천이다."라고 정의하였다.

3. 선진 각국의 학교폭력 예방 대책

학교폭력은 왜 일어나는가?

미국의 대표적 형법 교과서에서는 '**폭력은 타인에 대한 불법적인 유형력의 행사 시도 혹은 이의 결과인 상해를 입히는 행위**'로 정의하고 있다.

미국 모범형법전(Model Penal Code)은 폭력에 대하여 '단순폭행(simple assault)'과 '가중폭행(aggravated assault)'의 두 가지로 구분하고 있다.

3. 선진 각국의 학교폭력 예방 대책

학교폭력은 왜 일어나는가?

미국의 대표적 형법 교과서에서는 '**폭력은 타인에 대한 불법적인 유형력의 행사 시도 혹은 이의 결과인 상해를 입히는 행위**'로 정의하고 있다.

미국 모범형법전(Model Penal Code)은 폭력에 대하여 '단순폭행(simple assault)'과 '가중폭행(aggravated assault)'의 두 가지로 구분하고 있다.

미국 학교폭력 예방대책 – 원인

전통적 분석기법

1. 가정환경의 영향

빈곤 가정, 편부(편모) 가정,
기능적 결손 가정
폭력 가정, 약물남용 가정,
일관되지 못한 훈육 가정

미국 학교폭력 예방대책 – 원인

전통적 분석기법

2. 또래집단(갱)의 영향

음주, 흡연, 절도,
마약판매, 갱단원

미국 학교폭력 예방대책 – 원인

전통적 분석기법

3. 매스미디어의 영향

인터넷, 블로그,
이메일, 휴대폰,
닌텐도, 사이버 게임

미국 학교폭력 예방대책 – 원인

전통적 분석기법

4. 지역사회의 영향

학교 환경, 이웃의 영향,
지역사회 범죄율
(깨진 창문 이론)

미국 학교폭력 예방대책 – 원인

새로운 접근 이론

1. 개인적 차원의 요인

- 폭력의 피해 혹은 가해 경험
- 낮은 학교성적이나 학교적응 실패
- 낮은 지능
- 협조적 교우관계 실패
- 주의력 부족이나 극도의 과다 행동

미국 학교폭력 예방대책 – 원인

새로운 접근 이론

2. 관계적 차원의 요인

- 거칠고 부조화된 훈육
- 부모와의 소원한 관계
- 기능적 결손가정
- 자녀에 대한 감독과 통제 미약
- 학력 부족과 저소득 부모의 가정

미국 학교폭력 예방대책 – 원인

새로운 접근 이론

3. 지역, 사회적 차원의 요인

- 경기침체와 물가상승
- 우범, 빈곤 지역의 주위 환경
- 지역 문제에의 주민 참여 부족
- 사회 해체와 이웃의 무관심

미국 학교폭력 예방대책 – 전제조건

학교폭력은 방지될 수 있다!

단순하고 즉각적인 해결책은 없다.

학교폭력은 진화한다.

미국 학교폭력 예방대책 – 원인에 대한 직접 개입

- 학교폭력 유발 요인에 대한 감소 전략
- 학교 환경의 개선
- 가해 행동에 대한 저지 대책

미국 학교폭력 예방대책 – 학교폭력 현실

- 학생들의 학교에 대한 적대와 파괴 25%
- 학교폭력 문제로 수사를 받은 미국 공립학교 38%
- 학교의 갱 단원과 연루된 학생 23%
- 집단 괴롭힘을 당한 경험 있는 학생 비율 32%

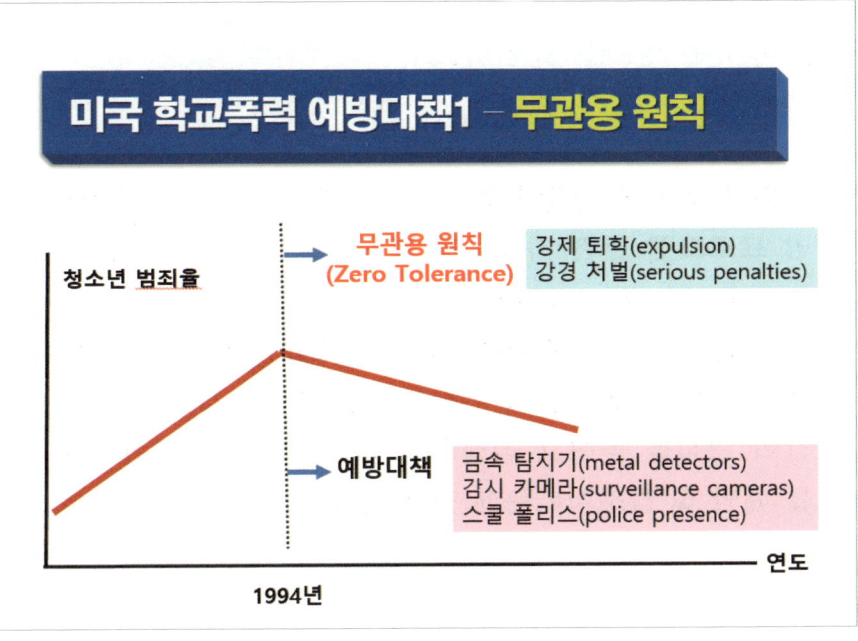

미국 학교폭력 예방대책1 - 무관용 원칙

무관용 원칙은 사소한 위법행위도 죄질이 나쁠 경우 엄격하게 처벌한다는 사법 원칙을 말한다. 2001년 NCBL(No Child Left Behind) 교육개혁안과 법률 제정 이후 무관용 원칙은 강화되었다. 깨진 유리창을 방치하면 나중에는 그 일대의 도시가 무법천지로 변한다는 '깨진 유리창 이론(Broken window theory)'에 입각하여 도출된 원칙이다.

미국 학교폭력 예방대책1 - 무관용 원칙

교육부 외에도 연방정부 보건복지부에서도 학교폭력예방 프로그램 관련 자료들을 제공하고 있다. 보건복지부는 Health resources and services administration (HRSA) 웹사이트를 통해 'Stop Bullying Now!' 캠페인을 전개하고 있는데 그 목적은 학교폭력에 대한 교육 현장의 인식을 높이고 직접적인 학생들의 학교폭력 행동을 예방 및 감소시키는데 있는 것이다.

미국 학교폭력 예방대책1 - 무관용 원칙

미국 뉴욕시의 경우 1998년 뉴욕시 교육청(New York City Board of Education)은 "학교 안전 통제권"을 뉴욕경찰서(NYPD)에 이전하였다. 이 결과 1995년까지 무장경찰(Armed school police) 200명이 증원되었고, 4,600명의 학교 안전 요원(School Safety Agents)이 고용되었다.

미국의 학교폭력 예방대책

[학교에서, At school]

1,000명당 학생 범죄율
(Rate of crimes per 1,000 students)

연도(Year)	전체	절도	폭력	중범죄**
1992	143	95	48	10
1993	155	96	59	12
1994	150	94	56	13
1995	135	85	50	9
1996	121	78	43	9
1997	102	63	40	8
1998	101	58	43	9
1999	92	59	33	7
2000	72	46	26	5
2001	73	45	28	6
2002	64	40	24	3
2003	73	45	28	6
2004	55	33	22	4
2005	56	32	24	5
2007	57	31	26	4
2008	47	24	24	4

미국 고등학교 학생들(Grades 9-12)의 학교폭력 관련 통계(1993-2009년)

연도	1993	1995	1997	1999	2001	2003	2005	2007	2009
• 매달 학교에 1회 이상 무기(칼, 총, 곤봉 등)를 들고 오는 학생의 비중									
	11.8% (10.4-13.3)	9.8% (8.9-10.7)	8.5% (7.1-10.2)	6.9% (5.8-8.2)	6.4% (5.5-7.6)	6.1% (5.1-7.4)	6.5% (5.6-7.5)	5.9% (5.2-6.7)	5.6% (5.0-6.3)
• 지난 1년간 학교에서 1회 이상 학교폭력에 연루된 학생의 비중									
	16.2% (15.1-17.5)	15.5% (13.9-17.2)	14.8% (13.6-16.2)	14.2% (13.0-15.5)	12.5% (11.5-13.5)	12.8% (11.3-14.4)	13.6% (12.5-14.7)	12.4% (11.5-13.4)	11.1% (10.0-12.2)

미국 학교폭력 예방대책 2

학교 안정화 프로그램(School Security Program)에 의한 폭력방지 매뉴얼

→ 학교 폭력은 좁게는 대개 교실 폭력을 의미
→ 급우들 간의 불화는 폭력으로 나타나는데 이는 학생들의 언어, 행동의 미숙함이나 오해에서 비롯
→ 폭력 유발 요인들을 예방하고 화목한 교실 분위기 조성

방법	대응 전략 매뉴얼
비언어적 자세	• 대화할 때는 눈을 응시한다. • 근거리를 유지하여 친밀감을 나타낸다. • 가볍게 손을 어깨 위에 올린다.
언어적 상기점	• 잘못된 행위에 대하여는 즉시 언어적 개입을 한다. • 무엇을 해야만 하는지 정확히 알려준다. • 학생이 아니라 학생의 행동에 초점을 두고 말한다.
학생들에 대한 지향	• 사소한 잘못된 행위는 무시한다. • 교사가 의도했던 행동이 나타나면 격려해 준다. • 문제학생의 행동이 바뀌면 즉시 칭찬한다.
결과 적용 능력의 개선	• 학습 결과나 숙제는 그 당시에 즉시 개입한다. • 논쟁을 피하고 같은 말을 반복하지 않도록 한다. • 교실에서의 룰을 정하고 그 절차를 명확히 한다.

미국 학교폭력 예방대책 3

환경 설계를 통한 학교 폭력 예방(CPTED)
→ 자연적(물리적) 접근 통제에 의한 환경설계
→ 외부의 모든 문을 잠그고 정문을 집중적으로 통제하기
→ 사각지대에 감시카메라 설치
→ 학교 영역에서의 출입에 관한 표시
→ 학생들이 출입할 수 없는 것에 대한 영역 표시
→ 학교폭력 발생 가능성이 있는 곳에 대한 예방적 환경 재설계

미국 학교폭력 예방대책 4

회복적 사법(Restorative Justice)

1. 학교폭력이 어떤 규정(법률)에 위반되고 이로써 어떤 피해를 주었는지 확인한다.

2. 피해자가 구체적으로 어떤 피해를 입었는지 특정한다.

3. 학교폭력으로 인하여 간접적인 피해들은 무엇인지 특정한다.

미국 학교폭력 예방대책 4

회복적 사법(Restorative Justice)

4. 이를 인지시킨 후 피해자와 가해자가 동석한다.

5. 피해자의 기본적 권리가 무엇이고 현재 무엇을 필요로 하고 대화한다.

6. 진정한 사과와 용서로써 화해하고 배상의 구체적 방법도 합의한다.

제3장 선진 각국 학교폭력 예방대책

2. 일본의 학교폭력 예방대책

정재준
학교폭력전문TV

3. 선진 각국의 학교폭력 예방 대책

일본의 학교폭력 예방 대책 – 원인

1. 가해 학생 자신의 문제점

① 제멋대로인 학생
② 학습의욕이 부족
③ 동료와 무리 지어 행동
④ 사소한 문제행동 지속
➔ 태만, 수업 방해, 무단 외출, 가출, 흡연, 음주

일본의 학교폭력 예방 대책 – 원인

2. 가정환경의 영향

① 빈곤 가정
② 편부(편모) 가정
③ 기능적 결손가정
④ 폭력 가정
⑤ 일관되지 못한 가정

일본의 학교폭력 예방 대책 – 원인

3. 획일적 집단주의 교육문화

① 피해학생이 되기 쉬운 학생 지목
→ 너무 튀는 대상
② 다수의 급우들은 방관자
→ 다수로부터 정당성을 받았다고 착각
③ 개인보다는 집단의 입장을 우선시

일본의 학교폭력 예방 대책 - 원인

4. 스트레스 가설 모델

학생에게 가장 큰 영향을 주는 학업(study), 교사(teacher), 동료(peer), 가족(family) 등 네 가지 인자들이 때로는 긍정적 영향을 주기도 하지만 이들이 오히려 스트레스를 가하는 주체가 된다는 것이다. 이러한 스트레스의 수준이 최고조로 높아질 때 이지메 등의 폭력행동으로 표출된다고 보는 분석이다.

4. 스트레스 가설 모델

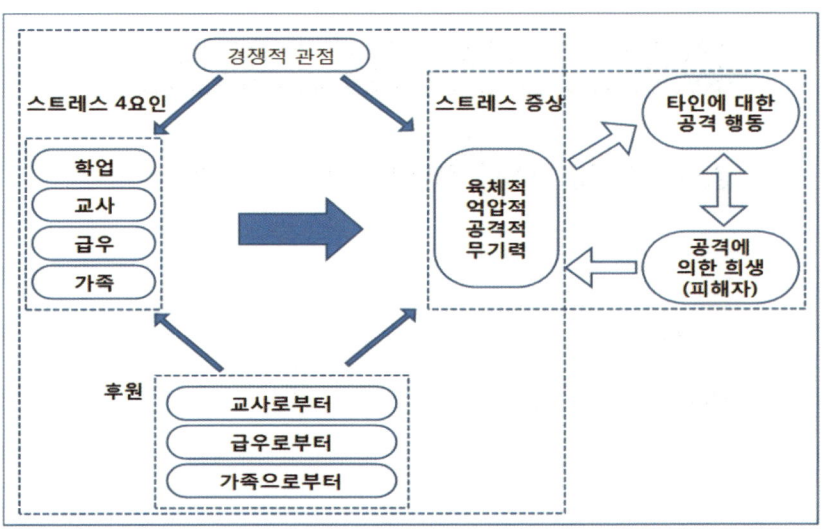

일본의 학교폭력 예방 대책

1. 학생의 문제행동 대책 중점 프로그램

국립교육정책연구소에서 실시한 '학생지도체제 개선에 관한 조사 연구'에 근거하여 문제 학생의 행동을 개선하는 기본적 지침과 함께 초.중.고등학생에 맞는 진보적 개별 대책 프로그램을 만들었다. 또한 문부성은 학생의 문제행동에 대응하는 다음과 같은 다섯 가지 방침을 설정하고 있다. (1) 학생 지도 기준의 명확화 (2) 방침에 근거한 지도 (3) 자율적 규범 의식 양성 (4) 징계처분 및 회복 조치 (5) 출석정지 제도가 그것이다.

일본의 학교폭력 예방 대책

2. 이지메 방지 학생지도 메뉴얼

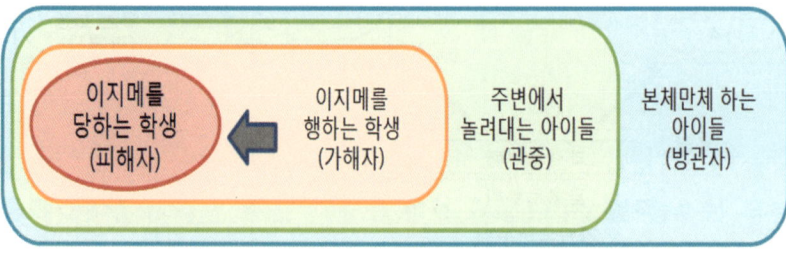

일본의 학교폭력 예방 대책

2. 이지메 방지 학생지도 메뉴얼

첫째, 이지메의 방관자에 대한 의미 부여에 있다. 이지메와 무관한 학생. 방관자 학생들은 다른 한편으로 같은 교실 내에서 발생하고 있는 이지메를 교사에게 제대로 알리거나 중단시키지 않았다. **둘째, 이지메 방지를 위하여 교사의 학급경영 충실이라는 전제가 필요하다.** 즉, 학생들에 대한 교사의 수용적, 공감적 태도에 의해 학생 개개인이 서로를 인정하는 화목한 학급이 되도록 한다. **셋째, 학생들에 대한 도덕교육을 강화시켜야 한다.** 집단 괴롭힘을 소재로 채택하는 역할연기나 도덕 수업을 진행하고 집단 괴롭힘이 허용되지 않는 관념을 갖도록 유도한다.

일본의 학교폭력 예방 대책

3. 학생의 스트레스 감소 대책

스트레스 해소 방안에 대한 연구, **스트레스 관련 강연회나 학급 발표회** 개최가 그것이다.

스트레스 발생의 한 요인이 되었던 **교사에 대하여 재교육**을 행하고 이를 통해 학생들을 위한 전문 카운슬러로 양성하는 것도 학생의 스트레스 감소 대책이 되겠다.

자기 확신(self-affirmation)에 의한 사회적 책임감 함양을 주문하였다. 이는 사회봉사활동을 통하여 함양될 수 있다고 보았다.

일본의 학교폭력 예방 대책

4. 학급 제도의 폐지

한 학년 동안의 재학에서 학기 중일 때보다 방학 때의 학교폭력 발생률은 물론이거니와 청소년 범죄율이 급격히 감소하는 것은 학교폭력의 원인이 학생들이 모여 마주하는 학급에서 시작되고 있음을 뒷받침한다.

일본의 학교폭력 예방 대책

4. 학급 제도의 폐지

초.중.고등학교의 건물과 교실은 대학의 캠퍼스.학과와는 다른 체제이다. 상당수 학교 내 폭력이나 이지메, 자살 등은 급우 간의 비교나 관계의 갈등에서 촉발된다. 학급당 평균 넓이 66m²도 안 되는 교실에서 20~30여명의 학생들이 1년 동안 계속해서 마주하다 보니 시기와 질투, 갈등이 폭발하는 것이다.

일본의 학교폭력 예방 대책

4. 학급 제도의 폐지

학교폭력의 대안 중에 가해 학생(혹은 피해 학생)에 대한 전학 혹은 출석정지(정학) 처분이 존재하는 것을 고려한다면 학교폭력의 중요한 원인이 분명 '장소적 문제'라는 것을 특정해 준다.

일본의 학교폭력 예방 대책

4. 학급 제도의 폐지

① 학급 제도를 폐지하고 학년제만 유지

② 선택 과목별로 헤쳐 모여 수강하는 학점제

일본의 학교폭력 예방 대책

4. 학급 제도의 폐지

③ 인터넷 수업으로도 수강 대체 인정

④ 가해학생에 대한 출석 정지와 인터넷 학점제 시행

제3장 선진 각국 학교폭력 예방대책

3. 영국의 학교폭력 예방대책

정재준
학교폭력전문TV

영국의 학교폭력 예방 대책

1. ABA(Anti-Bullying Alliance) 프로그램

ABC(Anti-Bullying Campaign) 정책이라고도 불리는데, 학교 내에서 발생하는 모든 형태의 괴롭힘과 폭력을 예방하기 위한 전국적인 캠페인으로서 괴롭힘이 발생하지 않도록 교육을 제공하며 괴롭힘 신고센터를 운영한다.

영국의 학교폭력 예방 대책

1. ABA(Anti-Bullying Alliance) 프로그램

가해학생을 위한 교육시설인 Secondary Support Unit, 피해학생을 위해서는 Red Balloon과 같은 대안 교실을 마련하여 운영하고 있다. 이러한 제도들이 마련된 후 학생들에게 괴롭힘을 당할 때에는 혼자 괴로워하자 말고 주변의 도움을 받을 것을 홍보(Don't suffer in silence)하고 있다.

영국의 학교폭력 예방 대책

2. 학교폭력 전담경찰제 운영

1974년 학교경찰제도를 처음 도입한 이후 영국 전역에 1,000여명이 배치되어 경찰관 1인당 5개교 정도를 담당하고 있다. 학교 내의 우범 지역을 순찰하고 신고를 접수하여 대응하는 역할을 한다. 학교폭력이 발생했을 때 학교 경찰이 개입하여 조건부 훈방이나 최후 경고제를 사용하기도 한다.

영국의 학교폭력 예방 대책

3. 키드스케이프(Kidscape)
영국의 학교폭력 피해학생을 위한 자선단체

키드스케이프(Kidscape)는 1985년 영국에서 설립된 자선단체로 아동보호, 특히 학교폭력 피해 아동을 위한 프로그램, 교사 자문, 교육 등과 관련된 일을 하고 있다. 영국의 학생들이 학교에서 학교폭력을 당하거나 학교폭력으로 어려움에 봉착했을 때, 문제를 해결할 수 있는 능력과 기술을 학부모 및 아이들에게 다양한 상담 및 치료 프로그램을 제공하는 곳이다.

제3장 선진 각국 학교폭력 예방대책

4. 핀란드의 학교폭력 예방대책

정재준
학교폭력전문TV

핀란드의 학교폭력 예방정책

1. 키바 코울루(좋은 학교) 프로그램

<의미> 키바 코울루(Kiva Koulu, 좋은 학교란 뜻) 학교폭력 예방 프로그램은 담임교사로 하여금 가해자나 피해자보다는 '방관'하는 주변 학생들에 대한 공감 능력 강화, 자기 효능감 쌓기, 괴롭힘에 대한 저항적 태도 증진을 기르는데 중점을 둔다.

핀란드의 학교폭력 예방정책

1. 키바(Kiva) 코울루(좋은 학교) 프로그램

핀란드의 대표적 학교폭력 예방 프로그램으로 총 2,800개 학교 중 90%가 Kiva 프로그램을 운영하고 있다.

<방법>
ⓐ 3단계: 초등 1~3학년, 4~6학년, 중등 6~9학년 총 9년간
ⓑ 시간: 한 달에 1회씩 연간 총 20시간 정도 수업
ⓒ 유형: 역할극, 토론, 영상 시청 등
ⓓ 괴롭힘 문제에 대화와 토론을 통해 스스로 해법 찾기

핀란드의 학교폭력 예방정책

2. 복지사, 간호사, 상담사, 심리사 배치

학생 복지법(Oppilas- ja opiskelijahuoltolaki 1287/2013 -FINLEX)에 따라 정신 건강에 조력할 수 있는 전문가 배치하여 ⓐ 학생개별학습지원 ⓑ 정신건강증진지원 ⓒ 심리 평가와 정서발달 ⓓ 사회적 상호작용과 학습문제 집중 지원 ⓓ 상담에 의한 회복적 조정과 해결

핀란드의 학교폭력 예방정책

3. 또래 자치(베르소, Verso) 프로그램

VERSO 프로그램의 가장 큰 특징은 학교폭력 해결 과정에서 성인의 개입없이 학생들 스스로 참여하여 진행된다는 점이다. 학생들간의 마찰은 사실 성인이 이해하기 어려운 자신들만의 이유들도 존재하는 바, 학생 당사자들간의 의사소통을 향상시켜서 쌍방이 만족할 만한 문제 해결과정을 찾는 데에 있다.

핀란드의 학교폭력 예방정책

3. 또래 자치(베르소, Verso) 프로그램

중요한 것은 또래 조정 시에 비밀유지, 공평성, 자발성, 처벌 없음을 지켜야 한다는 것이다. 또래 조정관이 가해자에게 처벌을 하는 것은 허용되지 않는다는 뜻이다. 조정회의에는 쌍방 학생들보다 1-2학년 위의 또래 조정관이 배치되며 해결책을 찾는데 최대한 돕는다는 것이다. 성인이 이해하기 어려운 장난이나 괴롭힘 등을 비슷한 연령대인 또래에게는 자유롭게 이야기하고 감정을 들어낼 수 있다는 장점이 있다.

핀란드의 학교폭력 예방정책

3. 또래 자치(베르소, Verso) 프로그램

VERSO 또래 조정 회의
1. 또래 조정 회의
2. 합의
3. 후속 보완 회의

VERSO 성인 주도 회의
1. 성인 조정 회의
2. 합의
3. 후속 보완 회의

핀란드의 학교폭력 예방정책

3. 또래 자치(베르소, Verso) 프로그램

만약 또래 조정으로는 해결할 수 없으나 범죄 신고에 이르지 않은 사건은 <성인 주도 회의>에서 다룬다. 성인 주도 조정이 다루는 안건들은 다음과 같다. ① 장기간 지속된 괴롭힘 ② 경제적 보상이 필요한 재물손괴 ③ 교직원과 학부모 사이의 갈등 ④ 교사와 학생의 갈등 등이다. VERSO 프로그램이 단순한 학교폭력 범주를 넘어선 다양한 갈등 상황을 해결할 수 있는 프로그램을 제공하는 것이다.

제4장 학교폭력 예방대책의 비전

1. 전 사회적 학교폭력 예방 체계

정재준
학교폭력전문TV

전 사회적 학교폭력 예방 대응책

1. 교사, 학부모에 대한 학교폭력 예방교육

-. 학부모 On누리 교육시스템 이용
   (www.parents.go.kr)
-. 온라인 학부모 강연회 수강
-. 가족센터 주관 부모 대상 교육 강화

전 사회적 학교폭력 예방 대응책

2. 연예인 학교폭력 예방 대사 위촉

-. <연예인 + 학교> 연합 캠페인

첫째, BTS나 블랙핑크 등을 학폭예방 대사 위촉

둘째, 연예인의 학폭예방 단문 음성 녹취

셋째, 참여 학교에게 등교시나 점심때 이 녹취 방송

전 사회적 학교폭력 예방 대응책

3. 학교폭력 예방 광고 제작과 캠페인

-. <연예인 + 언론사> 연합 캠페인

첫째, BTS나 블랙핑크 등을 학폭예방 대사 위촉

둘째, Z세대에 맞는 학교폭력 예방 광고 제작

셋째, TV와 인터넷에 송출하여 학폭예방 캠페인

전 사회적 학교폭력 예방 대응책

4. 학교폭력 예방 강사 전국적 육성

-. 학교폭력 예방 강사에 대한 국가 자격증제 도입
-. 학폭법상 학폭 예방 교육을 동영상TV 의존 탈피
-. 예방교육 실강의 경우 교사나 SPO에 의존하지 말고 자격있는 학폭예방강사에 대한 실강 전면화
-. 학폭 예방 강의를 매 학기 1회에서 매달 1회, 1시간 이상으로 바꾸고 교과 시간 외 정식 시간 배정

전 사회적 학교폭력 예방 대응책

5. 각종 학교폭력 강연회 육성

-. 비폭력 학교문화 확산 강연
-. 학폭 상황에 대한 대처방안 강연
-. 올바른 교우관계 형성 주제 강연
-. 언어문화 개선과 바른 언어사용 주제 강연
-. 착한 댓글(선플)달기 사이버 예절 강연
-. 학교폭력 사건 처리절차에 대한 강연

전 사회적 학교폭력 예방 대응책

6. 환경재설계(CPTED)를 통한 학교폭력 예방

-. 학교 곳곳 사각지대에 CCTV 설치
-. 옥상이나 외진 곳에 접근 금지 경고
-. '폭력 멈춤', '욕설 멈춤' 등의 푯말 곳곳에 설치
-. 학교 내외 벽면에 희망의 그림을 넣어 따뜻한 분위기 조성

전 사회적 학교폭력 예방 대응책

7. 최신 기술을 이용한 학교폭력 예방과 대처

-. 휴대폰 앱과 연동되는 원버튼 117 직통 연결
-. 예) 휴대폰 뒷면에 부착하는 터치소리(Touch sory)
-. 학폭 발생시 휴대폰 뒤 버튼을 길게 누르면 117에 자동연결됨과 동시에 부모와 지인 5명에게 동시에 위급 문자 발송

전 사회적 학교폭력 예방 대응책

8. 융합교육 – 학교폭력예방내용 교과목 편성

-. 예) 국어
→ 학교폭력 피해자를 방관하는 주인공 이야기 소설
-. 예) 영어
→ 학교폭력 내용의 영어 지문 독해
→ 학교폭력 예방의 실천 주제로 영문 에세이 쓰기
-. 예) 윤리
→ 학교폭력 가해자와 피해자를 다룬 단원 삽입

전 사회적 학교폭력 예방 대응책

9. 폭력예방을 위한 학교규칙 마련

-. 우리 학급은 다른 친구에게 폭력을 사용하지 않는다.
-. 우리 학급은 다른 친구에게 욕설을 쓰지 않는다.
-. 우리는 괴롭히는 급우를 제지한다.
-. 우리는 괴롭힘 당하는 친구를 도와준다.
-. 우리는 한 친구가 외톨이 되지 않도록 노력한다.

전 사회적 학교폭력 예방 대응책

10. 학교폭력 대응 학급 <수호천사> 조직

-. 학교폭력 예방을 위한 수호천사 활동 일지 작성
 [폭력적 행동 감시와 신고, 중재역할 솔선수범, 조력]

-. 학교폭력 발생시 수호천사의 "학급 재판" 시행
 [재판 결과에 대한 담임선생님의 총평 구하기]

-. 최종 확정된 재판 결과에 대해 시행과 반성

제4장 학교폭력 예방대책의 비전

2. 학생 참여 학교폭력 예방대책

정재준
학교폭력전문TV

학생 참여 학교폭력 예방 대책

1. <회복적 정의>에 의한 학교폭력 해결

-. 급우 간 갈등이나 학교폭력 발생시 <u>회복에 방점</u>

-. 처벌보다는 피해회복을 위한 맥락을 이해

-. 가해 당사자의 자발적 책임과 공동체의 협력

-. <u>진정한 사과와 반성</u>을 통해 회복하는 과정 중시

학생 참여 학교폭력 예방 대책

1. <회복적 정의>에 의한 학교폭력 해결

다양한 회복적 프로그램 활용 가능
- -. 가·피해자 회복적 대화 모임
- -. 문제해결 서클(선도위원회, 경미 사안)
- -. 회복적 생활 교실
- -. 평화 감수성 훈련(HPP)
- -. 학급 체크인 체크아웃

학생 참여 학교폭력 예방 대책

1. <회복적 정의>에 의한 학교폭력 해결

ⓐ 가해자: 자신의 잘못한 점과 상처 서술하고 사과
ⓑ 피해자: 자신의 잘못한 점과 상처 서술하고 사과
ⓒ 양 갈등으로 인한 피해 사항 나열

해법탐색
회복하기
책임지기

원래의
공동체로
재통합

학생 참여 학교폭력 예방 대책

2. <학생단체> 주도형 학교폭력 예방활동

학교폭력 저지를 위한 단체 결성
→ 학급내: <또래 조정회의>, <학폭 방탄회>
→ 학교내: <학생 서포터즈>, <학생 정책자문단>, <명예경찰 소년단>, <어린이 로스쿨>

학생 참여 학교폭력 예방 대책

3. <참여연극>을 통한 학교폭력 체험

-. 관객이 목격자 역할을 체험하는 장면

-. 학교폭력예방 장학퀴즈 경연대회

-. 역할극을 활용한 공감 콘텐츠 제작 경연

-. 왕따 연극 수업(짝이 없는 카드) 체험

학생 참여 학교폭력 예방 대책

4. <사이버스> 사이버 학교폭력 예방 교육

-. 학생들 참여를 전제로 게임형 메타버스 플렛폼
-. 학생 분신(아바타)를 활용하여 존중감, 소통, 자기 조절 역량 등을 학습

- 아바타 모임 공간   · 사이버의사소통 체험   · 사이버감정조절 체험

학생 참여 학교폭력 예방 대책

5. 학교폭력 <사이버 상담소> 24시간 운용

-. AI 챗봇을 이용한 학교폭력 사이버 상담
-. <사이버 상담소> 앱(App)을 휴대폰에 깔면 학생이 참여하는 각종 채팅 방에서 사이버 학교폭력 상황 모니터링 및 발생 상황 감지

학생 참여 학교폭력 예방 대책

6. '멈춰' 방관자 학생들을 학폭 저지자로

-. '멈춰' 캠페인은 2014년 KBS 뉴스 방송 알려짐
-. 학교폭력 현장을 발견한 학생이 '멈춰'라고 외칠 경우 주변의 다른 학생도 같이 멈춰라고 외쳐 동참함으로써 학교폭력을 예방 가능

제4장 학교폭력 예방대책의 비전

3. 가해학생 교육 및 선도 강화책

정재준
학교폭력전문TV

가해학생 교육 및 선도 강화책

1. 가해학생 생기부 기록 보존기간 변경

-. 6호, 7호: 졸업 후 2년 ➔ 4년 보존
[졸업직전 심의 통해 삭제 가능, 심의삭제요건 강화]
-. 8호 조치(전학): 졸업 후 2년 ➔ 4년 보존
-. 2025학년도 대학이 자율적 반영(21개 대학)
-. 2026학년도 전체 대학 필수 반영

가해학생 교육 및 선도 강화책

2. 가해학생에 대한 학교장 긴급조치 강화

-. 6호 조치(출석정지)
   [10일 이내 ➔ 심의결정시까지]

-. 긴급조치에 7호 조치(학급 교체) 추가

가해학생 교육 및 선도 강화책

3. 교사의 학폭 사안 적극 대처 지원 강화

-. 사안 처리 온라인 지원 시스템 개발
-. 소송비·법률서비스 지원
-. 수업 경감

가해학생 교육 및 선도 강화책

4. 중대한 학교폭력 가해학생 대응 강화

-. 학교내 가해학생 재발 방지 매뉴얼 개발 체크
-. 학생 전담 보호관찰관 배치 확대
-. 법무부 청소년비행예방센터 개입 확대
-. 학교폭력 전담 경찰관의 예방 교육 우선시

가해학생 교육 및 선도 강화책

5. 학교폭력 운동 선수에 대한 예방책 강화

-. 학생 선수 폭력피해 실태조사 주기적 실시
-. 학교폭력 가해학생 운동 선수에 대한
  [선수등록, 대회참가, 체육특기자 선발 제한]
-. 학생 선수 폭력 신고 장려 및 인센티브
-. 학교운동부지도자 징계양정기준 적용 확대

제4장 학교폭력 예방대책의 비전

4. 피해학생 보호 및 치유 강화책

정재준
학교폭력전문TV

피해학생 보호 및 치유 시스템 강화

1. 폭력피해 위기학생 조기 발견 강화

-. 신고 활성화 기반 조성
-. 학생 대상 실태 설문 조사 강화
-. 학교장, 교감 대상 연1회 이상 학폭 예방교육
-. 학교 내 불법 촬영 카메라 불시 점검 지원

피해학생 보호 및 치유 시스템 강화

2. 학폭법상 피해학생 보호체계 강화

-. 가해·피해학생 즉시 분리 기간
 [현행 3일 ➔ 7일 이내로 연장]

-. 피해학생에게 가해학생 분리 요청권 부여
 [피해학생 요청시 학교장은 학교 전담기구
 판단 아래 6, 7호 긴급조치 가능]

피해학생 보호 및 치유 시스템 강화

3. 맞춤형 피해학생 지원 기관 제공

-. 보드미: 피해학생 적응 지원
-. 모드미: 피해학생과 부모 함께 집단 상담
-. 나누미: 학교폭력 피해 사례 공유
-. 위(Wee) 센터: 각종 피해학생 보호 프로그램
-. 범죄피해자지원센터 등

피해학생 보호 및 치유 시스템 강화

4. 피해학생 보호 내실화

-. 신고자 신변보호 및 치료비·소송비 지원 확대
-. 2차 피해방지 지침 표준안 마련
-. 전문의 심리 지원단 운영
-. 학교 응급 심리지원으로 정서적 안정 지원

피해학생 보호 및 치유 시스템 강화

5. 어울림 앱(App)

-. 학생 보호 원스톱 온라인 지원 시스템 앱
-. 어울림 앱을 통한 상담, 자가진단, 신고 기능
　진단: 앱 활동 ➔ 응답 ➔ 교사 메일(분석)
　대응: 앱 신고 ➔ 경찰(SP)) 연결
　지원: 앱 상담 ➔ 상담사(117, Wee)